**도시를
다시
생각한다**

이 저서는 2018년 대한민국 교육부와 한국연구재단의 지원을 받아 수행된 연구임 (NRF-
2018S1A6A3A03043497)

도시의 역학과 모틸리티

뱅상 카우프만 지음　최영석 옮김

도시를
다시
생각한다

RETHINKING THE CITY

앨피

모빌리티인문학 Mobility Humanities

모빌리티인문학은 기차, 자동차, 비행기, 인터넷, 모바일 기기 등 모빌리티 테크놀로지의 발전에 따른 인간, 사물, 관계의 실재적·가상적 이동을 인간과 테크놀로지의 공-진화co-evolution라는 관점에서 사유하고, 모빌리티가 고도화됨에 따라 발생하는 현재와 미래의 문제들에 대한 해법을 인문학적 관점에서 제안함으로써 생명, 사유, 문화가 생동하는 인문-모빌리티 사회 형성에 기여하는 학문이다.

모빌리티는 기차, 자동차, 비행기, 인터넷, 모바일 기기 같은 모빌리티 테크놀로지에 기초한 사람, 사물, 정보의 이동과 이를 가능하게 하는 테크놀로지를 의미한다. 그리고 이에 수반하는 것으로서 공간(도시) 구성과 인구 배치의 변화, 노동과 자본의 변형, 권력 또는 통치성의 변용 등을 통칭하는 사회적 관계의 이동까지도 포함한다.

오늘날 모빌리티 테크놀로지는 인간, 사물, 관계의 이동에 시간적·공간적 제약을 거의 남겨 두지 않을 정도로 발전해 왔다. 개별 국가와 지역을 연결하는 항공로와 무선통신망의 구축은 사람, 물류, 데이터의 무제약적 이동 가능성을 증명하는 물질적 지표들이다. 특히 전 세계에 무료 인터넷을 보급하겠다는 구글Google의 프로젝트 룬Project Loon이 현실화되고 우주 유영과 화성 식민지 건설이 본격화될 경우 모빌리티는 지구라는 행성의 경계까지도 초월하게 될 것이다. 이 점에서 오늘날은 모빌리티 테크놀로지가 인간의 삶을 위한 단순한 조건이나 수단이 아닌 인간의 또 다른 본성이 된 시대, 즉 고-모빌리티high-mobilities 시대라고 말할 수 있다. 말하자면, 인간과 테크놀로지의 상호보완적·상호구성적 공-진화가 고도화된 시대인 것이다.

고-모빌리티 시대를 사유하기 위해서는 우선 과거 '영토'와 '정주' 중심 사유의 극복이 필요하다. 지난 시기 글로컬화, 탈중심화, 혼종화, 탈영토화, 액체화에 대한 주장은 글로벌과 로컬, 중심과 주변, 동질성과 이질성, 질서와 혼돈 같은 이분법에 기초한 영토주의 또는 정주주의 패러다임을 극복하려는 중요한 시도였다. 하지만 그 역시 모빌리티 테크놀로지의 의의를 적극적으로 사유하지 못했다는 점에서, 그와 동시에 모빌리티 테크놀로지를 단순한 수단으로 간주했다는 점에서 고-모빌리티 시대를 사유하는 데 한계를 지니고 있었다. 말하자면, 글로컬화, 탈중심화, 혼종화, 탈영토화, 액체화를 추동하는 실재적·물질적 행위자agency로서의 모빌리티 테크놀로지를 인문학적 사유의 대상으로서 충분히 고려하지 못했던 것이다. 게다가 첨단 웨어러블 기기에 의한 인간의 능력 향상과 인간과 기계의 경계 소멸을 추구하는 포스트-휴먼 프로젝트, 또한 사물인터넷과 사이버 물리 시스템 같은 첨단 모빌리티 테크놀로지에 기초한 스마트시티 건설은 오늘날 모빌리티 테크놀로지를 인간과 사회, 심지어는 자연의 본질적 요소로 만들고 있다. 이를 사유하기 위해서는 인문학 패러다임의 근본적 전환이 필요하다.

이에 건국대학교 모빌리티인문학 연구원은 '모빌리티' 개념으로 '영토'와 '정주'를 대체하는 동시에, 인간과 모빌리티 테크놀로지의 공-진화라는 관점에서 미래 세계를 설계할 사유 패러다임을 정립하려고 한다.

이 책에서 나는 도시를 가로지르는 이동movement과 모빌리티mobility를 바탕으로 도시를 탐사하고 분석하자고 제안한다.

이동의 조건이 바뀌면서 지금 이 순간에도 세상은 변화하고 있다. 세계는 존 어리가 말한 '모빌리티 전회mobility turn'를 경험하는 중이다. 제2차 세계대전 이후 우리는 더 빨리, 더 멀리 나아갔다. 우리가 세상과 우리 자신을 경험하는 방식도 크게 달라졌다. 큰돈을 들이지 않고 여행할 수 있는 기회가 폭발적으로 늘어나면서 경제에 큰 영향을 미쳤고, 시장의 세계화와 생산양식의 변화를 이끌어 냈다. 이제 국민국가를 자율적인 존재로 보거나, 도시와 지역을 경계가 뚜렷한 동질적인 공간으로 생각하는 것은 불가능하다. 서구의 도시들에서 그러했듯이 모빌리티는 사회들을 새롭게 규정하고 있다.

이 상황은 도시에, 다시 말해 도시의 거버넌스 역량governability과 거버넌스governance 차원에서 어떤 의미를 지니는가? 이 책의 목표는 도시에서 모빌리티 전회가 갖는 의미를 따져 보고, 관련 행위자들의 모빌리티 역량(달리 말해, 그들의 **모틸리티**motility)에 기반하여 오늘날의 도시 현상을 탐구하는 것이다. 동시에 나는 '도시'와 '지역' 개념이 특수한 모틸리티들의 배치가 낳은 것임을 강조하고 싶다.

이 책은 이론적 접근과 실증적 연구 간의 변증법적 관계를 토대로, 이론과 실증의 조화를 추구하는 사회학적 관점에 충실하다. 이 책의 목표는 두 가지다. 개인, 집단적 행위자, 상품, 정보의 모틸리티가 현대 도시 변화의 어떤 조직 원리(사실상 유일한 조직 원리)로 어떻게 작용하는지를 먼저 파악한 다음, 개인과 집단의 모틸리티를 조절하는 수단들을 탐색하여 이 모틸리티가 도시 거버넌스에서 어떤 의미를 갖는지 밝히는 것이다.

감사의 말

2008년부터 2011년까지 3년 동안 이 책을 구상하고 집필했다. 주로 카페나 열차에서 원고를 쓰면서 생각의 파편들을 찾았고, 길 위에서 그 생각들을 한데 모았다.

제네바에서는 베르니에르 메이린 역 음식점과 샤틀렌느에 있는 식당이 그런 장소였다. 이 두 곳에서 가장 강한 영감을 얻었다. 아르데슈에서는 레뒤에그에 있는 장 뤽 식당과 밸고쥬의 앙투완느 카페에 자주 들렀다. 부샤라드 식당에 특히 감사를 표한다. 이곳의 무료 와이파이는 내 생명줄이었다.

에스따바예 르 락에서는 스테판 식당에서 호수를 내려다보면서 오후 내내 시간을 보낼 때가 많았다. 파리에서는 쉐 구둘르가 이른 아침부터 늦은 밤까지 내 집필실이 되어 주었다. 아침에 카페 뒤 깨드랑에 들러 글을 쓴 적도 많다.

리옹에서는 에스페스 카르노에 앉아 많은 작업을 했다. 제네바-파리/파리-리옹 TGV 노선을 제공해 준 프랑스 철도에 감사한다.

이 노선의 존재는 마시프 상트랄 지역의 클레르몽 페랑-님/베지에-누시스트 노선의 존재만큼이나 놀랍다. 열차 속에서 나는 편안하게 이론에 접근했고, 큰 성과를 거두었다.

동료들에게, 그리고 내 작업을 평가하고 비판해 준 모든 분들께 감사 드린다. 다음 분들에게는 특히 고마움을 표하고 싶다.

베르나르 데클레브, 카롤 데프레, 카롤린 갈리즈, 샤를 로흐, 크리스토프 게이, 에릭 위드메르, 플로렌스 폴니악, 프랑크 셰러, 기즈맘, 질 비리, 한자 막심, 휘브 에른스트, 이라걀 졸리, 자크 레비, 장 마르크 오프너, 장 마리 귀데, 장 피에르 오필, 제롬 셰날, 조앙 스타보 드부즈, 존 어리, 후앙 파블로 보카레흐, 줄리 앤 부드로, 카밀라 타바카, 카렐 마르탱, 루카 파타로니, 루이지 스틸리, 마누엘 카스텔, 마르크 브레비글리, 마리 폴 토마, 마틴 슐러, 마티유 플로누, 마우로 마가티, 막스 베르그만, 니콜라 루베, 니콜 메이, 올리비에 쿠타드, 피에르 랭느와, 레지나 위터, 소니아 샤도넬, 스테파니 뱅상,

스벤 케셀링, 발레리 노벰버, 뱅상 구이게노, 위트 캔즐러, 베르너 스톨러, 얀 르 플록, 이브 크로제.

뱅상 카우프만

제네바, 2011년 1월 4일

차례

서론

Paris 2011-Fanny Steib

1. 도시는 변화하지만 사라지지 않는다

도시가 사라지지야 않겠지만, 현대의 교통과 통신 시스템의 속도가 지니는 잠재력은 도시 현상에 중대한 변화를 야기하고 있다. 그로 인해 때론 종말론적인 다양한 우려들이 제기되었으나, 여러 변화에도 불구하고 도시 연구는 도시를 독특하게 만드는 공간적 · 사회적 특수성이 없어지지 않았음을 보여 준다. 오히려 도시의 특수성은 더욱 뚜렷해지고 있으며, 고정적이고 지역적인 개념으로는 이해하기 힘든 데다 도시 환경을 가지고 정치적 행동을 할 수 있게 하는 새로운 차원으로 나아가고 있다.

현대적인 교통과 통신 시스템의 속도는 사회와 그 경관에 상당한 영향을 미쳤다. 이 시스템은 주로 사용하는 사람들이 향유하는 것이기도 하지만, 원래 의도했던 것과는 다른 방식으로 이용되기도 한다. 더딘 걸음부터 순간적으로 이루어지는 통신까지 엄청난 속도의 격차를 보이는 모빌리티들은 도시와 기타 경관들을 가로지르면서, 시공간의 이용을 조직하고 구조화하는 방식에 영향을 끼친다.

달리 말하자면, 사람과 사물, 사상의 모빌리티는 경제적 · 정치적 · 사회적 삶의 모든 측면에 영향을 미치는 글로벌한 변화의 핵심이다. 모빌리티의 변화는 대기오염과 소음공해, 쓰레기처리와 에너지 소비 문제 등의 환경문제 외에도 사회적·공간적 응집성을 약화시키는 초유의 결과를 낳았고, 정보의 인지적 관리 문제와 사회적 갈등 증가 문제(예를 들어, 지역적이고 글로벌한 다문화적 긴장)도 일으켰다.

그러나 중요한 것은, 모빌리티 연구를 교통과 통신 시스템 분석에 한정짓지 않는 것이다. 인간과 사물의 이동은 인간 활동의 필요(또는 요구)에서 비롯될 때가 많다. 이동에 영향을 미치는 행위들의 논리에 주목하면 자연히 그 정치사회적 결과에 관심을 기울이게 되고, 오늘날의 사회가 어떻게 조직되고 기능하는지를 종합적으로 분석하게 된다. 우리는 생활 방식의 변화(다원주의, 개인주의 등)만이 아니라, 이를 추동한 뚜렷한 기술적·사회적 변화(경제구조의 발전, 기술혁신, 가치관 변화), 그리고 이로 인해 등장한 논란거리(새로운 형태의 불평등, 기회의 구성 방식, 신체적 긴장, 사회문화적 갈등)도 고려해야 한다. 모빌리티의 관점에서 이 문제들을 다룬 연구가 지금까지 거의 없다는 사실은 놀라운 일이다. 개인이 자유롭게 움직일 권리가 있다는 세계인권선언 제13조를 액면 그대로 받아들인 여러 논의들은, 이동의 증가가 우리가 태어나면서부터 갖는 권리인 이동의 '자유'가 민주화된 상황을 반영한다는 뻔한 가정 위에서 진행될 때가 많다.

예전의 환경이 어떻게 변화했는지를 이해하는 것은 모빌리티와 도시 공간이 지닌, 새로운 프로젝트들을 수용할 가능성을 깊이 있게 인식하게 된다는 의미이기도 하다.

모빌리티는 단순히 공간 안팎을 가로지르는 이동으로 환원될 수 없다. 모빌리티에 관심을 기울이면서 그 변화가 가져온 의미를 탐구해야만 제대로 이해할 수 있다. 모빌리티 전회 이후, 이동은(그리고 이동이 왜, 어떻게, 어떤 방식으로 공간과 사회를 변화시키는지는) 관련 행위자actor들의 경험이나 열망과 관계없는 추상적인 개념만으로는 이해할 수 없는 것이 되었다.

행위자들이 기술적 시스템을 개인적이거나 집단적으로 사용할 수 있는 기능과 창의력을 갖게 되면, 다양한 대안적 모빌리티 양식들의 힘을 빌려 이전엔 존재하지 않았던 거주지, 설비, 교통수단을 선택할 수 있다. 테크놀로지 및 사회 차원에서의 혁신은 모빌리티를 가능하게 하는 접근성과 이용 기술을 계속 변화시킨다.

물질적 생산물들이 또 인공적 환경의 특수성이 모빌리티에 미치는 큰 영향을 제대로 인식하게 되면, 그 다음 수순은 도시가 모빌리티 프로젝트를 수용할 잠재적 능력을 살피는 것이다. 우리가 하는 대부분의 활동은 우리의 활동과 연관된 물질적 장치들의 도움으로 가능해진다(예컨대, 나는 지금 내 컴퓨터로 이 책을 쓰고 있다).

특정한 맥락에 자연스럽게 녹아드는 행위가 가능하려면, 개인이 어떤 계획을 실현하는 데 필요한 발판을 그 환경이 제공해야 한다. 달리 말하자면, 특정한 계획은 아무 곳에서나 이루어질 수 없다. 공공기관이나 민간 행위자들처럼 다양한 집단의 운영 결과로 생겨난 편의시설, 절차, 접근성, 부동산 가격 등에 따라 어떤 위치는 다른 곳보다 특정 프로젝트에 더 잘 들어맞는다.

2. 모빌리티가 야기한 도시와 지역의 변화를 파악할 것

이 책에서 도시 및 도시 환경은 행위자들의 모빌리티 역량과, 공간
이 행위자들의 기획을 수용할 능력의 결합으로 간주된다. 지리적
특성에 따라 수용력의 정도도 다양하다는 것은 새로운 생각이 아니
다. 그러나 모빌리티 전회 이후 새롭게 주목된 지점은, 개인 및 집단
행위자들이 속도의 잠재력과 환경의 수용 능력이 제공한 기회를 이
용하여 환경을 선택할 수 있다는 것이다.

　또한 이 책에서는 행위자들의 모틸리티를 규제하는 요소들을 확
인하고, 특히 프로젝트들에 대한 도시의 잠재적 수용 능력에 주목할
것이다. 그리고 확인된 이 요소들에 기초하여 공공 행위와 그 잠재력
을 통제하는 수단들을 더 포괄적으로 성찰하면서 끝맺을 예정이다.

　도시를 사유하려면 거기에 존재하는 수많은 유형의 이동에 기초
한 이론과 개념이 필요하다. 도시를 변화시키는 것은 도시의 모빌
리티 수용력, 그리고 모빌리티 행위자들의 역량이다.

　이 책이 도시를 사유할 때 부딪히는 모든 문제를 다룬다고 말하는
것은 분명 과장이다. 나의 목표는 좀 더 겸손하다. 우선 도시를 정의
하고, 모빌리티에 의거해 그 실체와 역할을 설명한 다음, 질적 · 양
적 차원에서 실증적 자료들이 보여 주는 발견술적heuristic 미덕과 한
계를 시험해 볼 작정이다.

이는 새로운 생각이 아니다. 도시의 성장은 항상 이동의 흐름이 낳은 결과였다. 그리고 도시는 언제나 생각의 교환과 만남을 위한 장을 제공해 오지 않았던가?

도시 연구와 분석에서 거의 다루지 않은 모빌리티, 이동, 통신에 관한 연구는 교통과 기술적/지역적 네트워크 개념에만 치우쳤다. 모빌리티를 도시성urbanness(또는 비도시성non-urbanness)의 원리로 상정한다면, 현재의 연구 맥락 속에서 참신한 입장을 제시할 수 있을 것이다. 이 과정에서 피해야 할 세 가지 함정이 있다.

3. 일반화를 피할 것

첫 번째 함정은 모든 것을 아우르는 이론을 내세우는 것이다. 도시와 도시성에 대한 이론적 입장들은 흔히 어떤 분야에 종속되고, 따라서 부분적일 때가 많다. 배타적인 용어로 표현될 때가 많은 이 입장들은 다른 입장을 무시하는 경향이 있고, 흔히 구조적 기능주의, 포스트모더니즘, 탈구조주의와 같은 특정 사상과 연결된다. 이 개별 이론들은 그 연구 분야 내에서 어느 정도 고립된 채로 발전해 왔다(Kaufmann, 2002). 프랑수아 뒤베François Dubet에 따르면, 다른 입장들을 무시하는 태도에는 크게 세 가지 문제가 있다(나도 그의 의견에 동의한다). "첫째, 일반이론은 사실상 일부분만을 다루는 이론이다. 둘째, 선택 기준이 지니는 불완전성 때문에 지적 유행에 휩쓸리게 된다. 셋째, 분석이 충분하지 않아 고전적인 사회학의 목표를 포기하게 될 수도 있다."(Dubet, 1994: 14). 각자의 믿음을 고수하는 일종의 '종교전쟁'은 분명히 사회과학의 매력(그리고 분명히 그 전통)이기도 하지만, 지식의 진보에 장애가 되기도 한다.

모든 것을 아우르는 성찰은 물론 이데올로기의 본질적인 부분으로 논쟁을 야기한다. 어떤 사상 유파나 그 분야의 대가들로 거슬러 올라가는 전통을 지닌 사회과학은 표준적인 모델을 확립해서 다른 입장들을 누르고 권력투쟁에서 우위를 점한다. 이른바 '일반'이론들이 실상은 전혀 일반적이지 않다는 것을 보여 주는 사례는 많다. 그 이론들이 일단 어떤 공식으로 자리 잡으면, 너무 자주 여기저기에 적용된다. 예를 들어 리좀Rhizome 모델을 내세우는 주장들은 기술 실증주의technological positivism적이기도 하지만, 비합리적인 논의로 떨어질 가능성이 있는 불필요한 우려를 포함하고 있기도 하다. 존 어리가 말한 것처럼,

새로운 시대, '국경 없는' 코스모폴리탄의 황금시대가 열리고 있다고 믿는 세계적인 열광이 나타나고 있다. 여러 사회조직들, 무엇보다 국민국가들이 기업과 개인의 자유에 가한 한계와 제약을 극복하면서 세계를 마음껏 요리할 거대하고 새로운 기회를 제공하는 시대라는 것이다. 어떤 이들은 세계화를 국경 없는 유토피아가 아니라 새로운 디스토피아로 묘사한다. '서구'가 전근대로 회귀하면서 세계는 새로운 중세처럼 보인다는 것이다(Urry, 2000:13).

존 어리가 꼬집은 이런 감정적인 열광을 두고 토론이 가능할까? 일부 글들에서 분명히 드러나는 감상주의적인 진화론은 선정적인 주장에 집착하는 모습일 뿐이다. 상업적 논리와 경향은 오래전부터 사회과학을 장악해 왔으며, 때로는 그 궁극적인 목표가 대상에 대한 깊이 있는 이해가 아니라 인용·판매 횟수에 따라 글쓴이의 명성을 높이는 일에 맞춰져 있는 일종의 지적 사기를 만들어 냈다.

4. 이론과 실증이 대결하게 할 것

내가 피하고자 하는 두 번째 함정은, 이론적 성찰과 실증적 연구 사이의 긴장이 실종되는 것이다. 도시 연구에서 실증적 관찰은 제시된 이론의 진실성을 증명하는 증거로 쓰이면서 역설적인 모습을 보이기가 쉽다. 이때 선별적이거나 엄밀하지 않은 관찰은 기회주의적으로 활용된다. 특정한 모델의 구성에서 이론과 실증적 연구 사이의 변증법적 관계가 생략되는 일도 꽤 있다. 연구자들이 어떤 실증적 발견을 상세하게 검토하는 것이 아니라, 기존의 이론적 위치를 정당화하고자 그 발견들을 이용하는 것이 아니냐는 의심을 낳는 사례들이 적지 않다(Kaplan, 1996). 그러니 기존 입장과는 모순되는 성가신 관찰이나 발견들이 아예 무시되는 경우가 잦다는 것도 놀랄 일은 아니다. 영미권에서 널리 읽힌 마르크 오제Marc Augé의 《비장소Non-Places》(1992)는 이런 점에서 아주 징후적이다. 일부에서 열광적으로 떠받드는 이 짧은 책은 종종 지역적 경계의 소멸을 뒷받침하는 증거로 이용된다. 그러나 장소(정체성에 기반하고, 관계적이며 역사적인 곳)와 비장소(정체성에 기반하지 않고, 비관계적이고 탈역사적인 곳)를 비교(Augé, 1992: 110)한 이 책은 그 이분법 때문에 사회과학 분야에서 강한 비판을 받았다. 오제는 여행자와 통근자의 공간을 원형적인 비장소로 정의한다. 1992년 출판된 이후 이 책에 가해진 여러 비판들은 모빌리티의 공간적 한계 지점인 비장소 역시 관계가 이루어지는 장소이자 참조점이며, 기억의 매개에 따라 정체성에 기반하는 장소가 될 수 있음을 보여 주었다. 요컨대 마르크 오제의 이론은 잘못된 것이었음이 입증되었다. 그러나 그렇다고 해서 다른 연구자들이 이동이 늘어난 세계를 강조하려고 비장소 이론을 언급하는 일이 줄어든 것은 아니다.

도시의 변화를 다루는 여러 글들에서는 소위 실증적 결과를 이용하여 이론적 구성을 뒷받침(또는 정당화)하는 사례들이 넘쳐난다(Genard, 2008). 특히 도시 현상의 변화, 즉 사회적 행위의 급격한 개인화와 결부되는 모빌리티가 점점 더 증가하는 현상을 다루는 연구들은 엇비슷한 단언을 내리는 경우가 많다.

많은 연구자들은 모빌리티의 증가라는 모호한 주장을 작업의 기초로 삼는다. 그러나 유럽의 이동 변화 통계를 자세히 살펴보면, 확실한 것은 이동 거리가 늘어났다는 사실뿐이다. 우리가 엄청나게 많은 정보를 접하는 상황에 처해 있다는 것은 사실이지만, 이 상황이 자연스럽게 정보의 수용과 연결되는지는 자문해 보아야 한다. 너무 많은 정보가 실제로 필요한 정보를 가로막고 있지 않은가? 이

메일에 의존하는 현상이 편지 쓰기를 사라지게 하고 있으나, 두 행위의 내용은 본질적으로 다르다. 우리는 '모빌리티의 증가와 정보 유통의 증가'라는 말이 정확히 무엇을 의미하는지를 파악해야 한다. 만약 이동의 속도와 범위가 늘어났다는 말이라면, 그 주장은 사실이다. 그러나 출퇴근 횟수와 정보 수용이 증가했다는 말이라면, 그 주장은 경계해야 한다. 우리가 현재 목도하고 있는 현상은 성장이라기보다 다른 유형의 이동으로 대체되는 것이기 때문이다.

이동의 증가는 급격한 개인화로 인한 자연스러운 귀결일까, 아니면 반대로 그 원인일까? 이동의 속도가 증가하고 그 범위가 늘어난 것은 사회적 유동성의 증가와 본질적으로 동일하지 않다. 지리적 공간에서의 이동은 사회적 공간에서의 이동으로 연결되는 것이 아니라 이를 제약하는 것일 수 있다. 맞벌이 커플을 예로 들어 보자. 서로 다른 도시에서 일하는 두 사람이 같이 살기로 했다면 어느 쪽에서든 분명한 양보를 해야 한다. 둘 중 하나가 직장을 포기하는 경우도 있지만, 일상적 모빌리티 문제와 주거지의 위치 문제를 두고 타협하는 경우가 더 많다(Kaufmann, 2008). 이 예는 이론적 세계와 잠시 거리를 두고, 이론과 실증적 연구를 함께 적용해야 한다는 점을 잘 보여 준다. 진정한 이론적 사유는 실증적 연구로 뒷받침되어야 한다.

자세히 살펴보면, 도시 연구 분야에서 이론적 논쟁과 실증적 연구 사이에 존재하는 단절은 모빌리티와 이동 문제를 다룰 개념적 도구의 부족 때문이며, 더 구체적으로는 사회과학이 제시하는 공간 모델의 헤게모니가 부재하는 최근의 상황과 관련이 있다.

5. 도시와 영토의 본질을 고려하라

우리가 피해야 할 세 번째 함정은, 도시사회학이 도시 사회현상의
분석으로 귀결되면서 도시의 본질과 성격을 충분히 자세하게 들여
다보지 않는 경우가 많다는 것이다.

　도시를 기반으로 삼는 학문 분야가 원래부터 도시성이 무엇인지
를 제대로 일러 준다고 여기거나, 물리적인 대상을 다룬다는 사실만
으로 도시 연구가 우리에게 도시에 대한 무언가를 가르쳐 준다고 보
는 시각은 환상에 가깝다. 그런 가정은 더 이상 유효하지 않다. 도시
는 이제 사회를 생성하지 않는다. 도시는 일상생활의 장소를 구성
하는 단위가 아니라 우리가 탈피하고자 하는 장소가 되었기 때문이
다. 따라서 사회적 진리가 도시적인지 아니면 도시에 근거하지 않
는지를 확인하기란 불가능하다. 우리는 먼저 도시 현상의 기본적
추세를, 그리고 그 다음에는 더 구체적인 지역적 역학 관계를 파악
해야 한다. 그렇다면 도시를 만드는 구성 요소들은 무엇일까? 이 요
소들은 시공간 속에서 어떻게 구성되는가? 우리의 행동에는 어떤
영향을 끼칠까? 그리고 다시 그 행동들은 도시성에 어떤 영향을 미
칠까?

　이런 입장을 취할 때 우리는 도시를 도시가 위치한 땅에 불과한
것으로 여기며 도시가 특정한 사회적 요구에 반응한다고 주장하는

연구들을 제대로 비판할 수 있게 된다. 도시 연구에는 아주 특수한 문제들을 다루는 논란거리들이 넘쳐난다. 도시 외곽 지역에서의 폭력에 어떻게 대처할 것인가? 무질서한 도시 확장을 어떻게 막을 것인가? 대도시권에서 가장 효과적인 지역 거버넌스 형태는 무엇인가? 대체 교통수단의 이용을 어떻게 촉진할 것인가? 사실 이런 문제의 '확장'들은 당면 문제의 독특한 도시적 본성을 고려하지 않기 때문에 도시에 대한 사유를 약화시키는 데 기여할 뿐, 결과적으로 궁극적인 목표를 놓치게 된다.

도시의 본질을 탐구하는 일은 우리를 개인적 차원 너머로 이끈다. 거주자들의 행위는 도시를 창조하고 또 재창조한다. 도시는 공공 행위자와 민간 행위자들 사이에 존재하는 권력투쟁의 반영이기도 하다. 도시 자체가 행위자일 수 있다는 점이 무엇보다 중요하다. 스스로 프로그램을 만들어 내고 수정할 수 있는 컴퓨터처럼(Fourquet and Murard, 1973), 도시 자체가 스스로를 생산하고 재생산할 수 있는 도구라는 사실을 잊어서는 안 될 것이다. 다시 말해, 도시는 행위 주체로서 활동하며, 도시에 일시적으로 혹은 계속 머무는 행위자들에게 열려 있다. 더 일반적으로, 도시는 서로 다른 범주의 거주민들에게 민감하게 반응하고, 지역적이고 다양한 직업을 가질 기회를 제공하며, 다양한 유형의 투자자들을 끌어들이고, 이러한 요소들의 결합에 따라(즉, 도시의 본질에 따라) 매력을 발휘한다.

6. 이 책의 범위와 한계

이 책에서는 그 접근 방식의 한계를 분명하게 밝힌 세 가지 기준을 사용하여 앞에서 언급한 목표에 다가설 것이다.

첫 번째 기준은 실증적 자료에 기반하는 유럽 도시들이다. 사실 관계를 정확하게 파악하고 이 주제와 관련된 학술 자료들과의 대화를 용이하게 하기 위해 이 도시들에 초점을 맞췄다. 그러나 이 유럽 도시들을 특별하게 취급한다는 뜻은 아니다.

두 번째 기준은 모빌리티와 이동이다. 이 책에서는 개인, 물자, 사상 등의 이동에 근거하여, 또 그러한 이동이 도시 지역에 어떤 작용을 가하고 역으로 다시 도시가 모빌리티와 이동에 어떤 영향을 미치는지에 대한 분석에 근거하여 도시 현상을 독해해야 한다고 제안한다. 모빌리티 연구야말로 사회학의 목적이라는 존 어리(2000)의 주장에 따라 도시와 지역을 판단하자는 것이다.

세 번째 기준은, 학술적 분류에 따르자면, 사회학의 틀 속에서 작업한다는 것이다. 따라서 여기서 사용되는 개념, 이론적 접근법, 조사 방법은 무엇보다도 사회학에 가깝다. 개인 및 집단 행위자의 이동 역량과 그 이동이 미치는 영향에 초점을 맞추고자 했기 때문에 이러한 선택을 했다. 여기에는 행위자의 이동 역량과, 행위자의 프로젝트에 대한 잠재적 수용력 사이의 변증법에 근거해야 한다는 이유도 있었다. 따라서 도시를 규정한다는 목표를 지닌 사회학적 기획을 달성하기 위해 사회학, 지리학, 경제학, 정치학, 도시주의

urbanism 분야에서 진행된 도시 연구 성과들을 활용하고자 한다.

이 책은 서론과 일곱 개의 장으로 구성되어 있다. 먼저 도시를 자주 오가는 사람들의 이동 관행과 도시가 제공하는 모빌리티 잠재력을 함께 살펴볼 것이다. 다음으로는 주변 환경과의 충돌에 대한 이론적 논의를 탐구하여 여기에서부터 도시와 도시환경 전반에 대한 가설을 세울 것이다.

1장에서는 도시에 대한 현재의 이론적 성찰을 탐구한다. 오늘날의 도시를 이해하기 위해서는 사회과학이 그 이론적 · 개념적 도구를 갱신해야 한다는 점을 강조한다.

2장에서는 변화로서의 모빌리티 개념을 다시 논의하고, 이에 더하여 시공간에서의 이동(이동, 모틸리티, 네트워크)에 관한 여러 정의들도 다룬다. 이 개념들은 소로킨Pitirim Alexandrovich Sorokin과 시카고학파의 정의에서 출발했으며, 모빌리티 및 이동의 공간적 차원과 사회적 차원을 체계적으로 연결시키려고 했다.

3장에서는 도시 행위자(개별/집단, 공공/민간)의 모빌리티 역량과 도시 공간의 수용력의 관계를 탐구하여, 여기서 대도시권이 나타나고 도시성을 '구성'하는 모빌리티의 기획이라는 가설을 점검해 볼 것이다. 오늘날의 도시 개념은 이 고려 사항들에 기초하여 제안되고 논의될 것이다.

4장에서는 모틸리티, 이동, 개인의 모빌리티를 분석하고, 도시 역학 관계의 생성에 이 요소들이 끼치는 영향을 탐구한다. 4장에서는 주거 모빌리티, 젠트리피케이션/도시 주변 지역의 도시화, 일상의 모빌리티, 고도의 이동성을 보이는 개인 등에 관한 실증적 연구들을 그 바탕으로 삼는다.

집단적 모틸리티의 주요 특징과 도시 구성에 미치는 영향을 파악한 후, 5장에서는 가족정치family politics[1](유럽에서의 모빌리티 관련 가족정치에 대한 조사에 근거하여), 도시계획 정책, 주택정책 등에서 이 모틸리티에 당국이 어떻게 대응했는지를 몇 가지 예를 통해 살펴볼 것이다. 이 사례들을 통해 나는 공공 당국이 민간 집단의 모틸리티를 규제하기 위해 활용하는 메커니즘을 밝히려고 노력할 것이다.

6장에서는 현장 비교연구에 바탕하여 도시가 개별적이고 집단적인 프로젝트를 수용할 때 도시형태학과 인프라가 어떤 역할을 하는지를 탐구한다. 이 사례들은 도시 시설과 인프라가 도시에 미치는 영향과 그 맥락을 재검토하는 데 활용될 것이며, 도시와 지역의 일시적 거버넌스를 예측하여 행동하게 도와줄 것이다.

결론에서는 도시의 본질을 결정짓는 것이 무엇인지, 공공 당국이 이 다양성을 어떻게 발전시킬 수 있는지에 관한 이 책의 주요 논점을 열 가지 테제의 형태로 요약한다. 무엇보다 도시라는 맥락에서 고유한 요소들, 특히 모빌리티를 선호하거나 반대로 재생산을 선호하는 요소들을 주목할 것이다. 결론의 목적은 앞서 논의한 사례들을 다시 살펴 도시의 본질이 어떤 식으로 불평등의 생산과 개인들의

---

[1] 가족정치family politics: 국가 및 사회가 특정한 국면에서 가족의 구성과 성격을 규정하거나 변화시키기 위해 개입하는 행위. 한국의 경우, 가족계획사업이 대표적인 가족정치의 예라고 할 수 있다.

경로에 관한 문제들을 제기하는지를 사회학적 차원에서 보여 주는 것이다. 도시의 갱신을 가능하게 할 도시의 거버넌스 역량governability 과 거버넌스 수단들을 성찰하면서 결론을 마무리할 것이다.

1장

도시 이론의
재검토

Nouakshott 2008 - Jérôme Chenal

1.1 서론

약 반세기 전부터 유럽의 도시와 시골은 점점 더 도시화되었다. 도시성은 개인과 집단 행위자들이 갖는 이해관계의 결합이고, 이 행위자들이 내놓은 기획들의 혼합이며, 행위자들이 주어진 환경에서 자신들의 기획을 시도할 때 마주하는 도시 수용력의 결과물이다. 그러므로 변화로서의 모빌리티는 도시 현실의 핵심이다. 즉, 도시 그자체가 모빌리티다.

여러 기획들에 대한 다양한 수용 맥락이 존재한다는 사실은 새로운 것이 아니다. 하지만 (개인 또는 집단) 행위자가 통신과 교통 시스템의 속도가 지닌 가능성과 여러 기획들에 대한 도시 공간의 수용성을 활용할 수 있게 되었다는 것은 새로운 현상이다.

건축, 도시계획, 지리학, 사회학, 경제학, 정치학 분야의 여러 에세이와 이론적 작업들은 도시 변화를 설명하기 위해 엄청나게 많은 수식어구를 동원한다. 변화하는 도시는 "**지금 떠오르고**", "**파괴적**"이며, "**확산적**"이고, "**독점적**"인 데다가, "**거대도시**metropolis"이자 "**메타도시**metapolis"이며, "**전 지구적**"이고 "**포괄적**"이며, "**장소도 한계도 없**"으며, "**분산적**"이고, "**차별적**"이며 "**민영화**"되고 있다.

급격한 변화에 대한 우려가 낳은 이 다채로운 용어들과 다양한 접근들에도 불구하고, 도시 연구는 도시 환경 특유의 공간적·사회적 특징이 사라지지 않았다는 것을 일러 준다. 오히려 도시적 특징은 새로운 차원들이 등장하는 와중에도 점점 더 뚜렷해지고 있는 것처럼 보인다.

어떤 지역의 본질을 구성하는 여러 요소들 중에서 특히 세 가지의 관계 양상이 변화하였다. 현재, 이 변화들은 도시 변화의 근원이다. ① 기능적 중심성functional centrality：도시는 기능적 중심지 역할을 하면서 도시 주변에 영향력을 행사한다. ② 건축적 형태architectural morphology：도시 건물과 인프라의 밀도 및 형태는 도시를 특징짓는다. ③ 생활양식lifestyles：도시 거주자들은 특정한 사회적 행위를 한다. 피에르 벨츠Pierre Veltz의 비유(1996)를 빌리자면, 수십 년 전에는 러시아 인형처럼 중심성, 형태, 생활양식이 딱 맞아떨어졌다. 생활양식은 형태에 적응했고, 기능적 중심성은 위계에 따라 집중되었고, 도시의 경계는 기능적 경계에 상응했다. 달리 표현하자면, 도시의 다양한 일상생활은 비교적 명확하고 견고한 경계를 지니고 있었다. 도시는 지리학자들이 나눈 양상에 따라 그 세력권에 영향력을 행사했다. 그러나 오늘날, 러시아 인형은 폭파되었고 그 조각들은 사방으로 흩어졌다.'

한때 도시를 규정했던 장소의 단일성이 사라진 상황은 도시에 대한 이론적 접근에 의문을 제기한다. 도시 연구는 그 시초에서부터(사회학의 선구자들은 대도시의 사회적 역동성이 지니는 새로운 본질을 간파했다), 다양한 이론적 뿌리를 가진 것이 특징이었다. 카를 마르크스는 도시를 확실한 계급투쟁의 장소로 여겼고, 에밀 뒤르켐은 자유와 혼란을 낳는 모더니티의 탄생지라고 보았으며, 막스 베버는 자본주의와 합리화의 요람이라고 했고, 게오르크 지멜은 도시를 문화적 객체화objectification 와 '도시인적 성격urban personality'의 발상지라고 생각했다(Stébé and Marchal, 2007). 도시사회학에는 이들에 대한 충실한 추종자들이 많다. 마누엘 카스텔스Manuel Castells와 프랑시스 고다르Francis Godard의 마르크스주의적 사회학, 모리스 알박스Maurice Halbwachs와 마르셀 론카욜로Marcel Roncayolo의 뒤르켐적인 형태 분석 (베버의 개념을 적용하면서 나름의 방식으로 세계 도시의 출현을 탐구하는 연구들), 시카고학파의 지멜적인 도시생태학과 어빙 고프먼Erving Goffman의 상호작용론interactionism 등이 그런 예다. 러시아 인형이 깨져 나가면서 장소의 단일성이 점차 무너지자, 이 모든 접근법은 도시 현상을 기술하고 이해하고 설명하는 데 한계를 드러냈다. 모두 장소의 단일성에, 그리고 도시가 사회를 만든다는 암묵적인 가정에 바탕을 두었기 때문이다. 그러나 그런 틀에 얽매이지 않는 오늘날의 도시 거주자들은 도시가 제공하지 못하는 것을 찾아 도시 바깥에서 사는 삶을 선택할 수 있으며, 직업이나 여가를 위해 도시로 돌아갈 수도 있다. 마찬가지로, 개인 행위자들과 투자자들도 위치 선택이 자유롭다. 통신 교통 시스템이 가능하게 한 속도의 증가는 기하급수적으로 선택의 폭을 넓혔다. 이제는 민주화되고 대중이 선택할 수 있는 기회들이 크게 늘어났다.

역설적으로 보일지 모르지만, 이동이라는 문제는 도시 이론에서 무시할 주제가 아니었는데도 거의 논의되지 않았다. 일부 시카고학파 연구자들만 예외였을 것이다. 사실 시카고학파의 수많은 연구들이 혁신적이었던 이유가 여기에 있다. 60년대와 70년대에 대부분의 실증적 연구들은 도시가 사라지거나 소멸될 위기에 처했다고 추론했다. 그 당시부터, 공간적 인접성과 사회적 근접성의 일치라는 특징을 지니는 밀집도가 높은 도시는 거주민들과 행위자들의 모빌리티로 인해 점차 변화하고 있었다. 따라서 우리는 오늘날에도 여전히 널리 사용되고 있는 도시사회학의 이론과 도구를 재검토하지 않을 수 없다. 도시 현상에 대한 면밀한 독해는 고정적이고 지역화된 개념을, 무엇보다 시대에 뒤떨어진 개념 및 해석의 틀을 제거해야 한다고 요구한다. 모든 것이 변했으니 도시사회학(더 구체적으로는 도시 이론)의 작업도 모두 헛수고였다는 말이 아니다. 반대로, 전례 없는 지금의 상황은 도시 이론의 장점과 한계를 논할 기회를 제공하며, 더 발전해야 할 현대의 도시 이론에 다가서게 해 준다.

　이 재구성을 진행하면서 두 단계 과정을 거칠 것이다. 우선 현대 도시 이론의 세 가지 원칙을 논한다. 다음으로는 과거의 교훈을 따라 우리가 피해야 할 세 가지 함정을 지적한다. 그리고 난 뒤 시카고학파의 도시사회학과 베버, 알박스의 도시 연구 등의 이론적 경향을 재조사하여 지금의 도시 이론 구축에 이들이 공헌한 바를 알아볼 것이다.

San Francisco 2008 - Jérôme Chenal

1.2 세 가지 이론적 원칙

오늘날 도시를 연구한다는 것은 사회학의 개척자들이 처했던 환경과 약간 닮아 있다. 집단적 질서에 대한 갈망이 실현 가능한 성취에 대한 열정과 열렬하게 결합된 혼돈의 시대. 사회학자들은 세상이 어떻게 돌아가는지 이해하는 데 필요한 지적 도구를 인류에게 제공하려고 했다. 그러나 도시를 이해하는 우리의 도구는 예전처럼 효과적이지 않고, 예전만큼 기능하지도 않는다. 이제 우리는 현재와 미래의 도시 변화를 이해하기 위해 도시 이론이 채택해야 하는 세 가지 원칙을 살펴볼 것이다.

1.2.1 도시에 대한 추상적 접근과 감각적 접근의 조화

경제학과 사회과학의 도시 접근 방식은 현상을 기능적이고 추상적이며 비종합적으로 규정하는 것으로 제한되며, 감각적 실체를 회피하는 경향이 있다. 이렇게 바라본 도시들은 보이지도, 느껴지지도, 인식되지도 못한다. 물리적 실체라는 의미에서 실재하는 것이 아니기 때문이다. 일반적으로 말해, 도시와 장소는 형태morphologies, 형체를 갖는다. 우리는 도시와 접촉하고, 도시를 보고, 돌아다니며 좋거나 나쁜 느낌을 받으며, 거기서 아름다움이나 아름답지 않음을 느낄 수 있다. 도시와 도시성의 다양한 측면들을 종합하는 일은 우리가 한 걸음 더 나아가 그 본질에 대한 은유들을 포기해야 한다는 말도 된다.

앙드레 코르보즈André Corboz는 《지우고 다시 쓴 양피지로서의 도시La ville comme palimpseste》에서, 도시 연구에 참여한 학문 분야들을 비판한다.

도시 연구의 두 집단 사이에는 거의 소통이 이루어지지 않는다. 한편에는 지리학자, 도시계획가, 사회학자, 인구통계학자, 경제사학자, 일반적인 역사학자들이 있고, 다른 한편에는 도시 발전을 다루는 도시계획사 연구자와 건축가들이 있다. 첫 번째 부류는 도시가 삼차원 객체라는 사실을 고려하지 않으면서 통계를 가지고 작업한다. 두 번째 부류들은 도시 형태, 건축 유형, 그리고 그 상호 관계를 연구하지만 대부분의 경우 이를 낳은 사회적·경제적 요인을 등한시한다. 두 집단이 하는 질문은 아주 다른 종류의 질문들이며, 사용하는 개념적 도구도 매우 다르다. 후자는 전자가 육체, 물질, 장소를 지니지 않은 영혼을 고집하는 것처럼, 부재 속에서 존재를 다룬다고 생각한다. 도시의 건설환경이 달라지더라도 그들은 여전히 같은 이야기를 되풀이할 것이다. 전자는 후자가 영혼 없는 육체만을 취급한다고 본다. 아리스토텔레스와 성 아우구스티누스가 말했듯이, 도시는 무엇보다도 사람들이 모여 있는 곳이며, 돌무더기가 아니라는 것이다(Corboz, 2001: 133).

이 접근법들 사이의 괴리를 극복한다는 것은 물리적 인공물artifact들이 도시 변화에 어떤 영향을 미치는지를 이해하는 일과 같다. 모리스 알박스는 형태학적 분석을 강조했으며 물리적 형태와 사회적 형태를 구분해야 한다고 했다. 연구자들은 물리적 환경과 사회집단의 관계를 분석해야 한다(Halbwachs, 1970). 도시는 흩어진 섬이나 격자 모양일 수도 있고, 열차나 주요 고속도로 네트워크로 연결될 수도 있으며, 하나의 중심을 지니거나 다극적이기도 하고, 역사적 중심지나 기념물, 대규모 공원이나 녹지를 포함하기도 하며, 강이나 호수를 품고 있거나 해안에 면해 있을 수도 있다. 이 모든 특징들은 사회적 실천에 영향을 준다. 다른 사람을 만날 가능성에도, 어디서 만나게 되는지에도, 그리고 주민들이 어떤 식으로 도시를 이용하고 제 삶을 영위하는지에도 영향을 끼치는 것이다. 도시의 특징들은 점진적인 과정을 거쳐 행위에 영향을 미치고, 여기서 독특한 세계가 형성되며, 집단 행위자들은 스스로를 표현하는 방식이 바뀌면서 변화를 겪는다. 도시의 특징에 따라 어떤 지역이 매력적인 곳으로 인식되기도 한다.

따라서 주어진 환경에서 오랜 시간을 견뎌 낸 물리적 인공물들은 처음에 만들어진 후로 한참이 지나도 여전히 중요하다. 이 변화는 재귀적인데, 시간이 흐르면서 기존에 구축된 환경이 다르게 해석되고 경험되기 때문이다. 《파리: 보이지 않는 도시Paris: ville invisible》에서 브루노 라투르Bruno Latour와 에밀리 에르망Emilie Hermant은 도시 인공물의 항상성이 지니는 상대적 성격을 보여 주고자 파리의 다리인 퐁네프를 예로 들었다. 퐁네프는 시간의 흐름에 영향 받지 않을 수 없는 인공물이며, 자기 식대로 진화해 왔다는 것이다.

돌로 만든 다리, 살로 이루어진 우리의 몸, 그리고 정책이 갖는 차이는 그 본성이 아니라 오히려 그 기대수명에 있다(Latour and Hermant, 1998: 145).

건설된 환경 속의 물리적 인공물들은 20~30여 년을 웃도는 비교적 긴 수명을 가진다. 그러므로 시간이 지나면서 다른 의미를 갖게 된다. 오래된 인기 있는 인공물들은 노동계급에게 과거에 대한 향수를 불러일으키기도 하고, 강력한 문화자본을 지닌 이들에게 매력을 발휘하기도 한다.

사회학자들에게, 도시와 도시성에 대한 추상적이고 구체적이지 않은 접근 방식을 극복한다는 것은 인간의 행위를 합리적 선택이라는 관념에 근거하는 전략으로 환원하려는 유혹에 저항하는 것이다. 사실 이러한 접근법은 도시를 그저 기회 포착과 성취 가능성만을 추구하는 경기장으로 여기므로, 더 민감한 차원들을 무시한다.

이 한계를 넘어서려면 인간 행위가 지니는 다원성을 인식해야 하며, 그렇게 할 때 막스 베버의 사회학적 인간(homo sociologicus 개념에 접근하게 된다(Weber, 1922). 레이먼드 보든(Raymond Boudon(1995)과 프랑수아 뒤베(1994)의 연구를 가능하게 한, 행위의 논리를 결합할 가능성을 지닌 전통이다. 최근 이 전통은 실용주의적(pragmatic 프랑스 사회학 분야에서 새롭게 발전하였다. '**참여 체제**(régimes d'engagement' 개념[1]을 활용하면서 다원성을 고려할 확실한 방법론을 제공하는 접

---

[1] '참여 체제(régimes d'engagement'는 자신의 특징을 드러내는 여러 방식들을 가리킨다. 예컨

근 방식이다(Thévenot, 2006). 이는 인간 행위가 다 전략적인 것은 아니라는 점을 인식하게 한다. 오히려 인간 행위는 일상에서, 친숙함에서 나타날 수 있으며, 앤서니 기든스의 용어를 빌리자면, 행복과 편안함과 존재론적 안전을 보장한다. 행위는 윤리나 가치에서 출발한다(Giddens, 1984). 가장 '현대적이고 기능적인' 환경 속에서도 우리는 문화적 이유나 경험적 근거 때문에 불편을 느낄 수 있다(Rapoport, 2005). 존 엘스터Jon Elster가 말한 부작용들과 비슷하게(Elster, 1983), 우리는 편안해지고 싶다고 말하는 것만으로는 편안함을 얻을 수 없다. 존재론적 안전Ontological security, 혹은 "친숙성의 체제regime of familiarity"(Thévenot, 2006)는 우리가 세계와 연관되는 또 다른 방법이다. 우리는 이 세계에 점진적으로 적응하고 버릇과 습관을 들인다. 근래 들어 로랑 테브노Laurent Tévenot는 여타 연구들을 참조하여 이러한 성찰들을 체계화했다. 그는 정당성justification, 일상 행동routine action, 친숙성familiarity이라는 세 가지 체제가 인간의 모든 행위들을 이끌어 나간다고 보았다.

1.2.2 공간이 고정되어 있다고 보는 관념에서의 탈피

도시 현상은 행위자들의 모빌리티 역량, 잠재적 속도, 환경의 수용능력이 만들어 낸 결과다. 고정적이고 폐쇄적인 공간 개념을 고집

대 ① 사회적, ② 심리적, ③ 정치적인 방식들이다.

하면서 이를 이해하기는 불가능하다.

인구밀도와 공간 분리 개념이 좋은 예가 될 것이다. 어떤 공간의 인구밀도는 표면 단위당 거주자 수가 몇 명인지로 측정된다. 그러나 사회통합이 집에서 가까운 곳에서만 일어나지는 않는다. 일상 활동들은 쇼핑, 직장, 학교 등 훨씬 더 넓은 영역에서 이루어진다. 그렇다면 거주 인구밀도가 의미하는 바는 무엇일까? 50년쯤 전, 집과 가까운 곳에서 사회통합이 진행된 도시에서는 그런 조사 방식이 자연스러웠다. 하지만 요즈음에도 그럴까? 인구밀도 지표는 사람들의 지역적 특성을 왜곡한다. 더 정확히 말하면, 밤 시간대의 지역적 특성만을 주목하는 방식으로 왜곡한다. 사람들이 어디에서 잠을 자는지는 알려 주지만 깨어 있는 시간 동안 어디에서 무엇을 하는지는 조금도 알려 주지 않기 때문이다. 이 문제를 해결하려는 흥미로운 시도도 있다. 어떤 인구밀도 지표는 주민 수와 표면 단위당 일자리 수를 기준으로 삼는다. 그러나 이 지표도 문제의 일부만 해결할 뿐이다. 평일의 업무 관련 이동이 전체 통근의 30퍼센트 미만이라고 나타나기 때문이다.

사회학과 도시지리학에서 매우 중요한 개념인 공간 분리spatial segregation는 더 눈여겨 보아야 할 사례다. 공간 분리에 관한 조사 지표들은 해당 공간에서 유사한 특성을 가진 인구 집단의 집중도를 측정하는 것을 목표로 한다. 이 조사도 역시 주거지에 기반하므로 인구밀도 조사와 정확히 같은 문제에 직면한다. 오히려 더 문제적인 것은, 공간 분리 지표는 사회적 불평등을 쉽게 식별하기 위한 것이라는 점이다. 주거지역의 분리가 심하지만, 그래서 제약도 심하지만 일상생활에서의 이동성이 극단적으로 높아서 사람들이 섞일 수밖에 없는 도시를 우리는 쉽게 상상해 볼 수 있다. 이 도시의 거주자들 간의 장벽은, 이를테면 공간 분리 지표의 수치는 낮지만 그 거주자들이 인위적으로 서로 차단되고 먼 곳까지 서로 다른 교통수단으로 이동해야 하는 도시와 비교해 볼 때, 결코 더 높다고 볼 수는 없을 것이다.

도시에서 다른 속도의 교차는 사회통합의 양식들 속에서, 각각 특정한 공간 개념을 의미하는 그물코형areolar, 세망형reticular, 리좀형rhizomatic 등 서로 다른 공간 형태들의 중요도를 바꿔 놓았다(Kaufmann, 2002).

그물코형 공간areolar space은 안팎으로 선명한 경계를 갖는 고정적이고 폐쇄적인 공간이다. 개인은 이 공간 속의 어떤 자리를 차지하며, 한 장소에서 다른 장소로 이동하는 모빌리티를 지닌다. 앞서 살펴본 두 사례인 인구밀도와 공간 분리를 비롯하여 구역 설정, 사회계급, 국가정책처럼 사회과학의 개념적이고 방법론적인 도구들 대부분이 이 모델에 기초한다. 지금 우리가 이용 가능한, 고정적 성격을 갖는 대부분의 자료들은 대체로 그물코형 공간과 그에 따른 사회적(직업 분류, 가구 구성), 공간적(국가, 행정구역) 구별 기준으로 만들어진 것이다. 따라서 그물코형 공간 개념에 입각해 만들어진 자료들은 이론적으로 볼 때, 공간을 적합하고 균질하며 경계가 명확한 것으로 규정하는 예전의 방식으로 후퇴한다.

세망형 공간reticular space은 지형학적으로 분명한 경계를 갖는 불연속적인 개방적 선과 점의 기능적 배열이다. 이 개념에서 개인은 공간 네트워크에 접속하며, 여기서 접속access은 핵심적인 문제이자 중요한 물리적 지원 수단이다(Rifkin, 2000). 네트워크 개념은 사회적 관계(소셜네트워크, 사회적 자본), 기술적·지역적 네트워크(인구 집적지 agglomerations, 자동차 의존성), 이들이 미치는 영향(파편화fragmentation)을 분석하는 과정에서 많은 변화를 거쳐 왔다. 글로벌 도시들에 관한 연구들은 부설된 전기 선로나 통화량에 기반한 도시의 상호의존성을 강조할 때 '네트워크'를 언급할 때가 많다(Taylor, 2004).

리좀rhizome에서는 이제 거리가 중요하지 않다. 대신에 시간이 공간의 자리를 메운다. 매끈하고 규정될 수 없고 열려 있는 리좀 속에서 기회와 잠재력은 끊임없이 유동한다. 세계는 더 이상 광대한 접속지가 아니다. 오히려 "편재성의 순간성은 단일한 접속 지점을 거부한다"(Virilio, 1984: 19). 리좀으로서의 공간 개념은 질 들뢰즈와 펠릭스 가타리의 탈영토화deterritorialization 논의에서 출발하였고, 그 개념화는 '실시간' 통신의 발달로까지 연결되었다. 이 개념은 실증적인 증거를 제시하지 않는 데다가, 테크놀로지를 향한 열정에 사로잡혀 기술혁신(예컨대 디지털통신 공간)이 세계를 급진적으로 변화시켰다고 본다. 모든 금융 활동이 실시간으로 진행되고 인터넷에 '가상' 공동체가 존재한다는 사실을 부인하는 사람은 아무도 없겠지만, 폴 비릴리오와 그 추종자들이 예언한 대재앙이 과연 일어날지는 의심스럽다.

이 세 가지 공간 형태는 자크 레비Jacques Lévy가 말한 공간의 세 가지 일반적 형태, 즉 장소place, 대기air, 네트워크network(Lévy, 1994)와 상당히 비슷하다. '대기'와 '네트워크'는 앞서 말한 그물코형 공간과 세망형 공간에 잘 맞아떨어지지만, '장소' 문제는 약간 더 복잡하다.

자크 레비는 장소를 "거리 개념이 중요하지 않은 공간"으로 정의한다(Levy, 1994: 52). 거리가 중요한 곳은 '장소'가 아니라 '대기' 공간이다. 그렇지만, 정말로 거리가 중요하지 않은 장소를 규정할 수 있을까? 예를 들어 카페에서는 다른 테이블들과의 거리를 염두에 두면서 자리를 고르지 않는가? 결국 어떤 공간에서 느끼는 편안함은 상호 간의 거리에 달려 있다. 만원버스에서처럼, 다른 사람들이 우리의 개인적인 공간을 침해하면 행복감은 줄어든다. 두 사람이 제3자에게 말소리가 들리게 하지 않으려고 나직하게 대화하는 방에 있다면, 우리는 거리의 효과를 발견할 것이다. 물리적 공간에는 거리의 영향이 존재한다. 들뢰즈와 가타리에 따르면, 리좀은 거리가 전혀 중요하지 않은 공간이며 따라서 레비가 말하는 '장소'와 유사하다. 그러나 이는 본질적으로 통신의, 순간성의 범주에 속한다. 이런 점에서 레비의 장소는 무엇보다도 가상적인 공간이다.

도시가 앞에서 제시된 공간 형태들 속에서 계속 유지되는 한, 도시 연구는 공간 형태의 구조와 구성을 강조하는 개념을 개발할 수밖에 없을 것이다. 도시 환경의 주요 측면들(생활양식, 기능적 중심, 형태)은 공간 유형에 따라 구성된다. 네트워크나 흐름에 기초하여 도시를 '재개념화'하려는 시도들은 이 부분을 무시하는 경향이 있다. 사스키아 사센Saskia Sassen(Sassen, 2001)을 필두로 하는 글로벌 도시에 대한 여러 연구들은, 소위 글로벌 도시들이 자본의 흐름, 다국적기업, 허브공항의 존재로만 정의되는 것이 아니라, 그 배후지나 국가에 해당되는 그물코형 공간에 의해서도 규정된다는 사실을 놓치곤 하는 것이다. 리좀 공간 개념이 다른 두 개념을 없애지는 못하듯이, 세망형 공간이 그물코형 공간을 사라지게 하지는 못한다(Offner and Pumain, 1996). 반대로 도시에 대한 세망형이나 리좀형 접근을 그물코형 접근으로 대체하여 현재의 사회 연구가 빠져 있는 함정에 제 발로 걸어 들어갈 필요도 없을 것이다.

비록 그 결과가 급진적일지라도, 시공간 압축이 속도의 다양성을 불러왔으며 애초에 러시아 인형을 폭발시킨 원인이라는 점은 분명하다. 어떤 공간에서 그물코형 구성을 가능하게 한 것은 속도의 단일성이다. 공간의 경계는 명확한 표준으로 자리 잡은 마차나 증기기관차의 속도와 결부되어 있었다. 속도의 단일성은 지역의 형성에서 이동이나 모빌리티가 수행한 중요한 역할을 잊어버리게 만들었다. 오늘날의 다양성은 생활양식, 기능적 중심성, 형태 사이의 그물코형 일치를 불가능하게 한다. 행위자들이 속도 면에서 다양한 선택을 할 수 있기 때문이다. 따라서 모빌리티는 도시의 사유에 더 중요한 핵심이 된다.

1.2.3 모빌리티는 이동이 아니라 변화로 간주되어야 한다

도시를 이해하기 위해서는 도시를 가로지르는 여러 종류의 이동에 기초한 이론과 개념을 활용해야 한다. 왜냐하면 궁극적으로 도시를 변화시키는 것은 도시의 모빌리티 역량(그리고 행위자들의 역량)이기 때문이다. 다시 말하지만, 이는 새로운 생각이 아니다. 이미 1930년대에 시카고학파는 '이동할 능력을 갖춘 사람'이 도시사회학의 가장 중요한 부분이라고 했다. 가상공간에서의 의사소통 수단이 넘쳐나는 상황에서도 이러한 생각은 전면화되지 못했다. 고정된 공간을 중심으로 삼는 공동체co-presence가 사회성과 사회통합의 초석으로 남아 있었기 때문이다. 행위자들의 모빌리티는 역동적 도시 현상의 핵심이며, 앞서 살펴보았듯 이 현상을 분석할 강력한 판단 기준이다. 모빌리티는 경제적 성장의 벡터이기도 하지만, 모빌리티를 갖추라는 회사의 요구를 받는 직원들에게는 삶의 현실이다. 더 나아가, 모빌리티는 통신·교통·주거를 연결시킨 새로운 형태를 제시하여 일상생활의 시간성을 완전히 뒤흔들고, 의사결정 기구의 개혁을 요구하여 제도적 인프라를 불안정하게 하며, 궁극적으로는 도시의 거버넌스 역량governability에 의문을 제기한다.

오늘날, 도시의 역동성을 이해하려면 모빌리티 개념에 다채롭고 실질적인 방식으로 접근해야 한다. 모빌리티의 사회적·공간적 차원을 통합하면 모빌리티의 역사에서 잊혀지거나 흩어진 퍼즐 조각들을 모아 재구성할 수 있을 것이다. 여기서 미셸 바송Michel Bassand의 연구는 아주 흥미로운 논의를 가능하게 한다.

물론 이런 방법론들을 적용한다고 해서 포괄적이고 새로운 도시이론을 즉각 제시할 수는 없다. 이 책의 목표도 그러한 이론의 제시에 있지 않다. 나는 좀 더 겸손하게, 이 원칙들에서 출발하여 내 방법론의 발견술적 특성을 시험함으로써 기초를 마련해 나가기를 기대하며, 그리하여 도시와 지역의 변화에 대한 학문적 논쟁에 기여하고 싶다.

2장

모빌리티의
정의定義

Sète 2011 - Fanny Steib

2.1 서론

우리는 의심의 여지없이 더 빨리 더 멀리 나아가고 있다. 흐름이라는 차원에서 볼 때, 이는 이동 거리의 유례없는 증가를 의미한다. 예를 들어, 서유럽의 통근 교통량은 1970년부터 2005년 사이에 20억에서 50억으로 늘어났다. 하지만 문제는, 이 사실이 과연 우리가 더 많은 모빌리티를 가진 존재로 변했음을 의미하느냐다. 모든 것은 모빌리티를 어떻게 정의定義하느냐에 달려 있다.

모빌리티를 무엇이라고 정의해야 할까? 지리학자는 공간을 가로질러 이동한다는 뜻으로 '모빌리티'라는 단어를 쓴다. 교통 전문가에게는 교통의 흐름이며, 사회학자에게는 사회적 지위나 역할의 변화를 가리킨다. 모빌리티가 갖는 의미의 다양성은 모빌리티를 이해하는 데에 자산이라기보다는 장애물이다. 달리 말하자면, 누군가 모빌리티를 입에 올릴 때 정확히 무엇을 말하고 있는지가 불확실하다. 그 의미는 말하는 이가 어느 사회과학 분야에 속하는지에 따라 달라진다.

2장에서는 모빌리티 연구의 역사를 살펴본다. 모빌리티 연구가 여러 분야들에서 분할되고 세분화되었기 때문에, 우리는 개념적 틀의 확립을 가능하게 할 통합적 접근 방식을 어떻게 탐색할 수 있을지를 살펴볼 것이며, 이를 통해 모빌리티를 교통 관련 행위와 구별하고 분석의 초점을 모틸리티에 맞출 수 있을 것이다.

2.2 사회과학에서 모빌리티 연구의 점진적 분화

2.2.1 선구적 작업

'모빌리티'라는 용어는 1920년대 소로킨과 시카고학파의 연구를 통해 사회과학에 등장했다. 이들은 변화와 이동의 관점에서 모빌리티를 정의하였다.

미국으로 이주한 러시아 학자 피티림 소로킨Pitirim Sorokin은 1927년, 사회학 연구 분야의 기초를 마련한《사회 모빌리티Social Mobility》를 내놓았다. 그는 사회적 모빌리티를 직업에서의 변화로 정의하고 변화 유형을 두 가지로 나누었다. 수직적 모빌리티는 사회 직업상의 사다리를 오르내리는 위치 변화를 의미한다(예컨대 종업원이 고용주가 되는 경우가 여기에 해당한다). 수평적 모빌리티는 지위와 범주의 변화는 있지만 수직적 축의 변화는 없는 경우를 말한다(예컨대 어떤 직업에서 자격이나 소득이 비슷한 다른 직업으로 옮기는 경우가 해당한다). 소로킨에게 모빌리티는 어떤 면에서 공간적 이동이기도 했지만, 더 정확하게는 사회적 차원의 변화였다.

1920년대에 시카고학파는 역학적 분석을 시도하여 모빌리티를 연구했다. 이들의 연구는 도시 · 그 형태 · 사회적 관계에 초점을 맞추었지만, 무엇보다도 사회적 시스템과 그 기능 · 조직 · 변화를 중시했다. 주거 문제나 일상생활에서의 지리학적 모빌리티는 도시 생활의 근본적인 측면으로 여겨졌다. 모빌리티가 해체와 불안정을 낳는 요소이며 변화의 벡터라는 생각은 시카고학파 연구의 독창적인 측면이다.

당시 미국에서는 **교통 연구**transportation science가 발전하고 있었고, 도시 모빌리티 분석의 새로운 전통이 생겨나는 와중이었다. 공간적 이동에만 주목한 이 분야는 소로킨의 사회학적 구조나 시카고학파의 모빌리티 연구와는 전혀 다른 길을 걸었다. 피에르 라노이Pierre Lannoy에 따르면, 자동차를 두고 연구 영역은 두 갈래로 나뉘었다. 한 쪽이 시카고학파였다면, 다른 쪽은 교통 연구였다. 교통 연구도 많은 관심과 투자를 받았지만, 시카고학파 사회학자들은 대체로 이 분야에 무관심했다(Lannoy, 2003).

교통 연구는 1910년대의 미국과 제2차 세계대전 이후의 유럽에서 개인 소유 자동차가 급격하게 늘어난 상황과 함께 발전하였다. 교통 흐름을 규제해야 할 필요성이 커지면서, 지금도 교통경제학에서 많이 활용되는 교통 흐름 시뮬레이션이 필수적인 것이 되었다. 제2차 세계대전이 시작될 무렵이면, 이미 모빌리티 연구 분야는 모빌리티를 주로 위치 · 역할 · 지위의 변화로 정의하는 사회학적 연구와 모빌리티를 공간 내의 흐름으로 보는 교통 연구로 갈라져 있었다.

2.2.2 연구의 분화

1950년대부터 시작된 사회적 모빌리티 분석은 초점을 바꿔서, 직업의 사다리에서 사회적 재생산과 이동(혹은 이동하지 않음)의 결과로 나타난 사람들의 경력, 직업의 세대 간 전달, 사회적 불평등 문제 등을 탐구하기 시작했다. 이 연구 방향은 사회학에 새로운 활력을 불어넣었고, 당시의 가장 역동적인 연구 분야로 자리 잡아 곧 독립적인 도시 연구로 발전했다.

교통 연구도 독자적인 분야로 인정 받으면서 사회적 모빌리티에 대한 사회학적 연구와 함께 발전해 나갔다. 교통 연구는 유동 역학 기반 모델에 집중하였으며, 모빌리티를 물리적 공간에서의 이동으로, 즉 개체, 개인, 자동차, 오토바이 등의 이동으로 보는 교통 연구만의 정의를 발전시켜 나갔다. 이 공간에서 이른바 '거리'는 더 특수한 연구 대상으로 자리 잡았다.

둘 간의 근본적인 차이는 시간적 스케일에 있었다. 교통 모델은 행동의 시간적 안정성을 가정하므로 짧은 시간의 분석에만 제한된다. 더 긴 시간성을 선호하는 사회학적 접근 방식과 달리, 교통 모델은 정지 상태를 가정하므로 탈공간적 특성이 강하다(Gallez et Kaufmann, 2010).

제2차 세계대전이 끝날 무렵, 공간 모빌리티의 네 범주를 중심으로 구성된 지리학적 모빌리티 접근 방식이 두 분야에서 발전했다. 일상 모빌리티, 여행, 주거 모빌리티, 이주라는 네 가지 주요 형태는 (길거나 짧은) 시간성과 그 일이 일어난 공간(인구집중지역의 안이나

[표 1] 공간 모빌리티의 네 가지 주요 형태

	단기	장기
인구 집중지 내부	일상 모빌리티	주거 모빌리티
인구 집중지 외부	외부로의 여행	이주

바깥. 표1 참고)에 따라 구분된다. 각각의 형태는 광범위한 연구·개념화·토의·비평의 주제가 되면서, 여느 연구 분야와 마찬가지로 그 자체의 구성과 구조를 갖추게 되었다. 모빌리티 연구는 다시 한 번 분화되었다.

그렇지만 출발지에서 목적지로 이동한다는 모빌리티 관념은 네 영역 모두에 공통적으로 남았다. 이 새로운 접근 방식은 이동으로서의 모빌리티 개념을 변화로서의 모빌리티 개념과 결합하면서 두 개념 사이의 연결 고리를 제공하였다.

네 가지 분명한 영역으로 나누어진 공간 모빌리티 분석은 가치 있는 학문적 발전을 보여 주었지만, 각 영역이 독립적으로 발전한 탓에 모빌리티 문제를 다룰 때 한계를 드러내기도 했다.

2.2.3 일상의 모빌리티

1970년대부터 일상 모빌리티daily mobility 분석은 일상 활동과 관련된 움직임을 기술하였으며, 관찰에 필요한 강력한 도구들을 개발했다.

가정 내 일상 모빌리티에 대한 조사도 시작되어 연구자들은 가정과 개인의 사회 인구통계에 대한 상세한 정보를 수집하면서 출신지-목적지 이동에 대한 데이터를 정확하게 수집하고 측정할 수 있게 되었다. 일상의 이동 패턴을 기술하기 위해 데이터에 기초한 더 정교한 지표가 개발되었고, 이어서 이동 수단 선택 모델modal choice models[1]이 만들어졌다. 개인의 이동 수단 선택 문제는 그 자체가 조사의 영역이 될 정도로 중요하게 취급되었다. 미국에서 개발된 초기의 기본적인 모델들은 이산 선택discrete choice의 미시경제학에 그 이론적 기반을 두었다(Mac Fadden, 1974). 일반적 비용 제약 하의 최적 이용이 그 기본적 가정이었지만, 개별 효용함수의 매개변수(사회인구학적 특징, 소득, 주거지)도 더 상세하게 탐구되었다.

중요한 성과들이 여럿 나왔지만, 그중에서도 시간지리학time geography은 일상 모빌리티의 분석에 지울 수 없는 흔적을 남겼다. 시간지리학은 활동activity(개인이 자신의 필요와 욕구를 충족하는 방법)이 실현되는 공간 및 시간의 제약(이 제약이 접근성accessibility을 규정한다)이 있는 활동 일정activity schedule에 기반하여 일상의 모빌리티를 개념화했다(Recker et al., 1989). 이 접근 방식을 따른 연구자들은 일상 모빌리티 연구에서 가정 층위를 개인 층위보다 중시했다. 가족 구성원들은 해야 할 일과 이동 수단을 공유하므로 활동 일정이 더 구조화

---

[1] 이동 수단 선택 모델modal choice models: 개인이나 집단이 특정한 이동에서 어떤 이동 수단을 선택할 것인지를 분석, 예측하기 위해서 사용되는 모델을 의미한다.

되는 경향이 있었기 때문이다. 방법론적으로 볼 때, 공간/시간 활동 연구는 특정한 날에 집에서부터 이동한 거리를 보여 주는 활동 그래프에 의지했다. 이 방식은 이동 거리 형태로 공간 차원을 통합했지만, 추상적이었기 때문에 도시적 맥락(도심이나 주변부)의 특수성을 고려하지 않을 때도 많았다.

일상 모빌리티 연구에 도입된 시간 매개변수는 개인 모빌리티와 도시계획 간의 상호작용이라는 더 넓은 맥락 속에 개인의 이동 양식 행동을 위치시킴으로써 이를 관찰할 수 있게 했다. 야코프 자하비 Yacov Zahavi는 일상 모빌리티의 핵심 기제 중 하나를 이렇게 정리했다. 이동 역량이 클수록, 더 넓은 공간으로 이동할 수 있다. 따라서 일상 이동의 시간적 비용은 일정하게 유지된다(Zahavi & Talvitie, 1980). 자하비 이후의 연구들은 이 추론에 크게 의존한다. 알랭 비버Alain Bieber 의 공식은 우리에게 이 역학적 기능이 어떤 식으로 작용하는지를 명확하게 보여 준다.

교통수단의 개선과 자동차 및 대중교통에 대한 많은 투자의 결과인 이동의 증가는 시간의 절약으로 귀결되는 것이 아니라, 개인의 교통 시간 비용이 갖는 상대적 안정성을 유지함으로써 이동의 공간적 영역 을 확장한다(Bieber, 1995).

2.2.4 주거 모빌리티

주거 모빌리티residential mobility 분석은 어떤 지리적 영역 내 주거 위치의 변화를 이해하는 것을 목표로, 주로 그 원인과 연결, 결과에 초점을 맞춘다. 1960년대에 시작된 이 연구는 주거의 역사에 대한 연구와 함께 계속 발전해 왔다(Bassand & Brulhardt, 1980). 초과근무를 하는 사람도 반드시 근무지 가까이나 일상 활동을 하는 곳 가까이에 거주하지 않는다는 사실은 이 연구가 보여 준 가장 흥미로운 관찰 중 하나다. 이 사례는 자하비의 추론과도 부합했다.

로데릭 맥켄지Roderick MacKenzie의 영향을 받아 1970년대에 시작된 거주 장소 변화에 관한 연구들은 주거 모빌리티, 직업상의 변화, 인생 경로 간의 연결성을 다루었다. 이 연구들에 따르면, 1960~90년대의 서구 사회에서 거주 장소의 변화는 변화로서의 모빌리티와 이동으로서의 모빌리티 사이의 본질적인 연관성을 드러낸다. 모빌리티를 규정하려면 변화를 염두에 두어야만 한다는 것을 실제로 보여 준 것이다. 이 연구들은 (소득 증가로 이어지는) 진급, 출산, 이혼 등의 주요한 개인적 사건이 사람들이 이사를 결정하게 하는 요인이라는 것을 밝혀냈다.

주거 모빌리티에 대한 역학적 분석은 가정 차원에서만 의미 있는 해석을 내놓은 것이 아니다. 이 분야에서 가장 중요한 발전 중 하나는, 1960년대 이후의 미국 도시들에서 주거 모빌리티가 사회적 분리를 둘러싼 역학 관계의 근저를 이룬다는 사실을 밝힌 것이다. 이는 주거 모빌리티가 도시를 형성한다는 중요한 관찰로 이어졌다. 세 가지 주요 현상이 도시 변화의 토대였다. 자크 동즐로Jacques Donzelot 의 용어를 빌리자면, 그 세 가지는 도시 주변 지역의 도시화peri-urbanization, 젠트리피케이션gentrification, 쇠퇴relegation다(Donzelot, 2004).

모빌리티 연구들에 따르면, 도시 주변 지역의 도시화를 이끄는 힘은 ① 전원 지역에 가까운 ② 단독주택을 ③ 소유한다는, 대중적으로 널리 받아들여진 사회적 성취social achievement 모델이다(Charmes, 2005). 주변 지역 도시화 현상과 함께 나타난 또 다른 도시 현상은 젠트리피케이션, 즉 옛 도심 지역으로의 회귀다. 그 특징인 부동산 가격의 폭등은 노동계급과 빈곤층이 더 부유한 사람들로 교체되는 인구구조의 변화를 낳았다. 젠트리피케이션은 1960년대에 처음 등장해 90년대에 정점을 찍었다. 쇠퇴 현상은 위 두 가지 현상의 결과인데, 사회적으로 볼 때, 도시 근교나 도시 지역으로 옮겨 온 자산 소유자 집단의 주거 모빌리티가 낳은 도시 인근 지역의 빈민화 현상이라고 할 수 있다. 도시 외곽 주거 단지 프로젝트(예컨대 프랑스의 그랑 앙상블grands ensembles)의 실패와도 관련이 깊은 이 현상은 지속적인 데다가 교육 환경과 같은 요소들로 촉진된다.

2.2.5 이주

그 자체로 중요한 연구 분야인 이주Migration는 20세기 초부터 수많은 연구의 대상이었으며 시카고학파가 선호한 테마 중 하나이기도 했다. 일찍부터 이 연구들은 국가 내외로의 이주를 검토하였고 (아마도 더 중요할) '도시 탈출' 현상에도 주목했다. 이주 현상을 다룬 연구자들은 라벤슈타인Ravenstein의 '이주의 법칙Laws of Migration'을 시작으로, 끌어당기는 힘과 밀어내는 힘을 정식화한 스투퍼 모형Stouffer model('밀고 당기기push-pull' 모형)과 밀고 당기기 모형에 거리효과를 접목시킨 지프 모형Zipf model에 이르는 수많은 '법칙'과 모형을 제안했다. 처음에는 주로 양적 연구였으나 점차 질적 연구가 많아졌다. 1980년대 들어 인류학자들은 디아스포라 이주는 물론이고, 디아스포라와 유사한 국제 연대 네트워크를 만들어 낸 동성애자 이주와 같은 소수 집단들의 이주도 조사하기 시작했다. 이 연구들은 다른 형태의 이동과 비교해야 이주를 생산적으로 이해할 수 있음을 보여 주었다. 따라서 이주 연구는 앞서 이야기한 세 연구 분야와 단절되어 있지 않다.

여기서 제시한 네 가지 연구 분야 중에서 이주 연구는 가장 풍부한 성과를 자랑한다. 우리의 지식 형성에 끼친 영향이 너무 커서 요약조차 어려울 정도다. 대신에 우리는 이 책의 목표와 관련된 연구 성과에 초점을 맞출 것이다.

수많은 후계자들(중력 모델 연구gravitational school가 대표적이다)을 낳은 스투퍼 모형과 지프 모형은 출발지와 도착지 간의 거리, 출발지의 밀어내는 힘, 도착 지점에서의 끌어당기는 힘이라는 세 가지 요인에 근거하여 이주 패턴을 이해하려고 했다(Bassand & Brulhardt, 1980). 기계적 이해 방식이라는 비판을 받기도 했지만, 이 연구들은 이주 과정을 측정 가능하다고 보는 역학 모형들의 기초를 이루었다. 원 거주국과 이주국 양쪽에 미치는 인구 이동의 잠재적 반작용이 시간적 역학의 근저에 담겨 있다는 사실은, 이주를 해당 사회적 맥락에서 고립시킬 수 없음을 보여 주는 좋은 증거다. 이주자의 사회통합은 스스로의 능력만이 아니라 이주국 사회의 수용 능력에 달려 있으며, 여기에는 고용시장에서부터 공동체의 주거 역량에 이르는 다양한 요소가 작용한다. 이주자 통합 양식은 결국 이주국 사회를 변화시킨다. 평화와는 거리가 먼 이 교류는 지배와 폭력을 낳을 때도 많다.

역동적 이주 개념은 또 다른 중요하고 더 현대적인 개념, 즉 이주가 다른 형태의 이동과 분리될 수 없다는 개념과 연결된다. 이주자들에게는 특정한 거주지와 특수한 모빌리티만이 아니라 매우 특정한 여행지(즉, 그들의 모국)가 있다. 이들이 주택 소유자보다는 세입자가 될 가능성이 높다는 것, 또 소수‘민족’ 식료품점과 특정한 ‘민족’ 상점들을 자주 찾는다는 것은 공간 모빌리티만이 아니라 사회적 모빌리티와도 관련되어 있는 현상이다. 따라서 이주자, 이주자의 유형, 이주자의 직업에는 특수한 사회적 모빌리티가 존재한다고 볼 수 있다. 이 관찰은 글로벌한 차원에서 모빌리티에 접근하는 것이 중요하다는 사실을 보여 준다.

이주 현상의 가역성도 중요한 발견이었다. 1980년대에 행해진 여러 이주 패턴 분석들은 통신 기술의 발전과 장거리 비행의 접근성 강화가 낳은 점진적인 변화에 주목했다. 이민은 더 이상 완전히 떠나서 다시 뿌리를 내리는 것을 의미하지 않는다. 사람들은 언젠가 모국으로 돌아가기를 기대할 수 있다. 게다가 정기적으로 방문하거나 전화를 주고받으면서 가족 및 친구들과 연락을 유지하고, 온라인으로 모국 언론을 접하거나 심지어 모국의 텔레비전 채널을 시청하면서 그곳의 사건들과 단절되지 않는 것도 새로운 현상이었다.

2.2.6 관광

즐거움이나 재미를 이론화하는 것이 어려웠기 때문에 네 분야 중 가장 덜 발전한 관광Tourism은 1960년대 들어 사회과학으로 발전하면서 소비주의나 대중문화라는 더 큰 주제와 융합되었다. 연구자들은 일상에서 벗어나 새로운 경험(축제나 스포츠 행사)을 하고자 하는 개인의 욕구가 관광의 원동력이라고 보았다. 관광은 교통과 깊은 관련이 있었다. 19세기 말 기차는 시간적·공간적 차원에서 관광을 변화시켰고, 그 뒤를 이어 자동차는 다양화와 대량화를 가능하게 했으며, 비행기는 아주 먼 목적지에도 갈 수 있게 해 주었다.

자동차와 전세기를 이용한 대중관광을 다룬 초기 연구들은 작위적인 '유사 관광'이 갖는 피상적인 성격을 강조했다(Boorstin, 1964). 논쟁적이고 다소 단순한 이 가설은 이후 엘리트주의라고 비판 받았고, 초기의 관광은 점차 오락적인 대중관광으로 바뀌어 나갔다. 관광 연구는 관광객과 관광지 사이의 역설적인 관계에 대한 흥미로운 통찰을 제공했다. 관광은 문화를 '무대에 올려서' 대중들의 입맛에 맞게(상업성 있게) 만드는 단순화 과정이라는 것이다. 그럼에도 많은 관광객들은 진정성을 추구하며 방문한 장소에서 '실제의 삶'에 매혹된다(Urry, 1990). '타자성'과의 연관성을 부각시키는 이 역설은 우리가 변화/이동의 모빌리티라는 이원적 본질에 다시 주목하게끔 한다. 여기와 '다른 곳'을 발견하지 못한다면 왜 여행을 하겠는가? 그렇지만 동시에 이 '다른 곳'은 접근 가능한 바깥 세계여야 한다.

1980년대 들어 기존의 틀에서 벗어난 새로운 유형의 여행자를 가리키는 '포스트-여행자post-tourist'라는 용어가 등장했다(Feifer, 1985). 포스트-여행자들은 진정한 관광이 사실 불가능하다는 것을 이해하고 받아들이며, 관광객으로서의 자기 역할을 제대로 인식한다. 무엇보다, 이들은 일상적 역할에서 벗어나는 '발견'을 갈망하지 않으면서 즐거움과 분위기와 행복을 추구한다.

이 예에서 알 수 있듯, 네 영역 중에서 모빌리티의 이중적인 정의에서 완전히 벗어나는 것은 없다. 모두 사회적 변화(사회적 지위나 역할에서의 변화)와 관련되어 있는 것이다. 우리는 제 역할에 변화를 가져오고자 매일 이동한다. 우리는 타인들을 만나고 일상에서의 고된 일에서 벗어나기 위해 여행한다. 우리는 변화가 우리의 삶을 바꿀 때 움직인다. 교통과 통신이 발달한 1990년대 이래로, 이동과 변화의 병행은 포스트-여행자의 예에서처럼 점차 소멸되었다. 모호한 표현이지만, 관광객이 된다는 것은 무엇보다도 마음에 달려 있다. 우리는 우리가 사는 도시에서도 여행자가 될 수 있다.

2.3 통합적 접근의 필요성

2.3.1 전후의 사회 변화

1945년부터 1980년대 중반까지 서구 사회에서 살아간 사람들은 소비주의, 생활 방식, 인생 경로 측면에서 점점 더 많은 선택을 해야 했다. 직업적 선택(어떤 직업을 택할 것인가, 어떤 경력을 쌓을 것인가), 가족계획(아이를 가질 것인가, 몇 명을 낳을 것인가), 이동 수단 선택(다양한 교통수단 중에서 선택), 차량 선택(몇 대를 소유할 것인가, 어떤 차를 고를 것인가) 등이 그것이다. 이때의 모빌리티는 진보 개념이 선도했고, 인류는 전반적으로 더 멋지고, 좋고, 밝은 미래를 향해 가고 있다고 인식되었다. 여성들이 대거 취업시장에 뛰어들면서 고용시장이 활성화되었다. 구매력이 상승했고 기존의 도덕은 흔들렸다. 그러나 모빌리티는 주로 국가 차원에서 규정되는 공간적·사회적 구조에 확고하게 뿌리를 두고 있었다. 상승 지향 모빌리티upward mobility는 도심과 외곽 지역 사이, 지역 간 이동의 형태로 나타났다 (Bassand & Brulhardt, 1980). 젊은이들은 대도시에서 대학을 다니기 위해 작은 마을을 떠났고, 졸업장을 받으면 좋은 지위의 확보에 유리하고 상향 이동 가능성이 더 높은, 자기가 자란 작은 마을로 돌아왔다. 지리적 공간에서의 이동은 사회적 공간에서의 이동과 일치했고, 상향 이동 전략에 따라 이 이동들을 이용할 수가 있었다.

기술적 열정이 이끈 이 시대는 이동 속도와 동의어로서의 모더니티에 열광했다(콩코드와 TGV도 이 시기에 탄생했다). 주요 고속도로 망이 건설되었고, 각 가정은 자동차 구입에 돈을 쓰면서 자동차산업 활성화에 일조했다. 냉장고, 세탁기 등의 가전제품은 일상생활의 리듬을 바꿔 놓았다. 식품 구입은 매일 하기보다는 매주 하는 일이 되었다. 자동차로만 접근할 수 있고, 텔레비전과 라디오광고로 사람들의 마음을 사로잡은 대형 마켓의 등장은 소비자 습관의 변화를 상징한다.

1980년대에 모빌리티 차원의 선택은 새로운 정점에 도달했다. 순간성의 추구, 잠재적 모빌리티 프로젝트의 증가, 사회적 성취 개념의 재정립이 가져온 결과였다. 그러나 모빌리티와 관련된 가장 큰 변화는 의심할 여지 없이 통신산업이었다. 개인용 컴퓨터가 80년대 초에 등장했고, 10년 후에는 인터넷이 나타났다. 이때 나온 휴대폰은 90년대 말에 이르면 사진뿐만 아니라 문자메시지와 멀티미디어 메시지를 주고받는 수준으로 발전했다. 현재 우리는 공공장소에서 노트북으로 와이파이 서비스를 즐긴다.

대중교통 분야를 살펴보면, 서유럽 전역에 고속열차망이 구축될 때 항공산업은 저비용 혁명을 겪었다. 콩코드는 2003년에 서비스를 중단했다(화상회의를 하고도 남는 5시간 동안 뉴욕까지 날아가는 것을 즐기는 사람은 많지 않다). 통신만이 제공 가능한, 순간성을 향한 경쟁이 치열해졌다.

기술적 혁신과 더불어, 경제는 세계화되었다. 국가자본주의는 세계자본주의로 변했고, 사람·상품·정보의 모빌리티는 그 유동성을 강화하면서 지리적 경계를 갖는 사회적 · 공간적 구조의 구속에서 풀려났다.

　사회적 차원에서 이 새로운 국면은 전통적인 상승 지향 모빌리티 모델의 포기로 이어졌다. 다면적인 사회적 성취 모델의 등장에는 모빌리티가 핵심적인 역할을 했다. 엄격하게 규정된 위계질서가 흔들렸다. 사회적 성취는 새로운 프로젝트들의 지속적 발전이라는 측면에서 가늠되었다. 상향 이동을 지향하면서 경력을 쌓는다는 틀도 변했다. 계층구조 속에서 위로 이동하는 것이 아니라, 이제는 끊임없이 변화하는 환경에 맞추어 이 역할에서 저 역할로, 이 프로젝트에서 다음 프로젝트로 손쉽게 옮겨 갈 수 있어야 했다(Boltanski & Chiapello, 1999).

　오늘날 우리가 목도하고 있는 것은 사회통합 과정에서 이동의 역할이 역전되는 현상이다. 역설적으로, 주거에 애착을 품고 안정성을 추구하는 것은 불안 요소의 상징이다. 이제 모빌리티는 직업적인 면에서만이 아니라 개인으로서의 사생활, 여가 활동, 성장을 위해서도 필수적이다. 모빌리티는 더 이상 기계적인 이동이나 이주에 국한된 개념이 아니라, 변화하고 적응하는 능력을 뜻하게 되었다.

　이 급진적인 사회적 변화(일부에서는 두 번째 모더니티, 혹은 성찰적 모더니티reflexive modernity라고 부른다)는 발전과 분화를 겪어 온 모빌리티 연구의 여러 가정과 가설을 쓸모없게 했다. 또한, 여러 갈래로 나뉜 모빌리티 문제에 통합적으로 접근하려는 시도를 더 어렵게 만들었다.

2.3.2 모빌리티에 대한 통합적 접근 필요성

1990년대 초부터 폭넓고 다학제적인 방식으로 모빌리티를 연구해야 한다는 목소리가 높아졌다. 몇 가지 주장이 제기되었다.

첫째, 이동과 모빌리티 사이의 개념적 분할이 필요했다. 공간 모빌리티의 여러 형태에 대한 연구들은 이동에 초점을 맞출 때가 많았고, 따라서 이동으로서의 모빌리티와 변화로서의 모빌리티가 관련되어 있다고 추론했다. 그러나 90년대 들어 두 현상은 점차 분화되었다(Keselring, 2008). 속도를 강조하는 이동으로서의 모빌리티는 변화로서의 모빌리티를 잘 드러내는 지표는 아니었다. 먼 거리를 이동한다고 해서 꼭 환경의 변화가 일어나는 것은 아니다. 쉐라톤호텔에서 쉐라톤호텔로, 컨퍼런스 센터에서 다국적기업의 본사로 전 세계를 여행하는 비즈니스 여행객들은 공간과의 관계를 잘 보여 준다. 이들의 여행은 '타자들'이나 타자성과는 거의 관계가 없다. 먼 거리의 이동이 타자성과의 만남이나 변화를 만들지는 못한다. 세계화 현상은 두 모빌리티 개념 사이의 결별을 낳았다. 인터넷과 모바일 기술이 등장한 후 사람들은 일상생활 속에서 이동 없이도 하루에 여러 번 역할을 변경한다. 이 모든 사실은 개념적으로 이동과 변화 사이를 '떨어뜨려' 놓는 것이 중요하다는 점을 지적해 준다.

둘째, 공간 모빌리티 분석에서 지나치게 강조한 합리적·경제적 행위가 도마에 올랐다. 많은 공간 모빌리티 연구들은 개인의 행동이 합리적이며 모빌리티 행위는 돈과 시간에 좌우된다고 보았다.

국제 이주는 세계경제 상황의 반영이고, 부동산 가격은 주거 모빌리티의 결정적 요인이라는 것이다. 그렇지만, 대안적 이동 형태의 증가는 모빌리티의 선택에 경제적 요소 말고도 다른 많은 요소들(유연성, 일상적인 틀, 습관, 신념, 가치관)이 작용한다는 것을 입증한다.

일상 모빌리티 분석은 이와 관련된 논쟁이 가장 오랫동안, 뜨겁게 진행된 분야다. 60년대에 개발된 이른바 '전통적' 분석 방식은 최근까지 기본적인 패러다임으로 사용되었다(Jones, 1979). 도구적 합리성에 입각해 행동하는 개인들은 이동할 때마다 연속적이고 독립적인 선택을 내린다는 가설이다. 이 선택들에는 이동할 것인지의 여부(주거지와 주거 유형), 목적지, 여행 시기, 교통수단, 일정 등이 있다(Merlin, 1985). 이 가정은 시간상의 일정에 따라 선택들이 연결되어 있다고 보기는 했지만, 각 선택이 독립적이라고 보았으므로 각각의 개별 행위들은 특정한 선택 모델에 속했다.

일반적으로 일상 모빌리티의 실천은 개인의 생활 방식으로 결정되며, (대부분의 경우 소득과는 큰 관계가 없는) 중산층 사이의 내부 차별화 요소다(Dupuy, 1999). 자전거로 출퇴근하기, 전통적인 노동자 거주지역에 사는 것, 프랑스 남부 시골에서 휴가를 보내는 것 등은 모두 사회적 차이화의 형식이거나 부르디외의 말처럼 자신을 '구별짓고' 자신의 가치관과 의견을 표현하는 방법들이다. 이런 현상들을 충분히 이해하려면 그 행동 논리를 완전히 파악하는 포괄적인 접근법이 필요하다. 확실히, 이동 수단 선택은 효율성과는 전혀 관계 없는 요소들 때문에 일어날 수 있다. 우리는 더 환경친화적인 수단이라고 생각해서, 혹은 단순히 운전을 싫어해서 버스나 지하철을 타곤 한다. 이동 수단 선택은 습관의 문제이기도 하다. 매일 대중교통을 이용해 왔다면 상황이 바뀌거나 접근성이 떨어져도 계속 대중교통을 이용할 것이다. 이동 시간이 늘어나더라도 자신이 편안하다고 느끼는 영역 내에 머물게 해 주기 때문에, 정류장으로 가서 대중교통을 계속 이용하는 경우가 많다.

셋째, 모빌리티 분석의 분화가 가져온 한계를 지적하는 경우가 늘어났다. 네 가지 주요 모빌리티 유형(일상, 주거, 여행, 이주)이 대체로 하나의 체계를 구성하기는 하지만, 그 틀 바깥에서 나타나는 문제들을 다루는 데는 한계를 보인다. 또한, 이 서로 다른 유형과 행위자의 숙련도가 만나는 지점은 모빌리티 연구에 큰 변화를 가져왔다. 여기에는 '하이퍼-모빌리티hyper-mobility'의 개념화 문제도 포함된다. 하이퍼 모빌리티가 가져온 시공간 압축은 일상 모빌리티와 주거 모빌리티 사이의 균형을 무너뜨렸다. 1990년대부터 네덜란드, 벨기에, 스위스, 독일 등의 서유럽 국가들에는 새로운 이동 수단 형태가 등장했다. 새로 나타난 장거리 통근과 매주 통근weekly commuting(대개 직업상의 이유로 수백 킬로미터 떨어진 두 거주지 사이를 오가는 경우)은 기존의 공간 모빌리티 모형에 들어맞지 않았다(Schneider et al., 2002; Meissonnier, 2001). 매주 통근은 확실히 이 상황을 보여 주는 가장 좋은 예라고 할 수 있다. 다른 곳에서 잠을 자기 때문에 엄밀하게 말해 이는 일상 모빌리티라고 할 수 없고, 통근을 하기 때문에 주거 모빌리티라고 할 수도 없다. 일주일마다 정해진 경로를 반복적으로 오가기 때문에 관광으로서의 여행도 아니다. 현재 급증하고 있는 이런 형태들을 효과적으로 다루기 위해서는, 모빌리티를 더 폭넓게 통합적으로 정의하는 방법을 찾아야 한다.

넷째, 모빌리티 이해에 존재하는 선입견이 문제시되었다. 이동으로서든 변화로서든, 모빌리티는 은연중에 긍정적인 사회적 현상과 사회적 건강의 지표로 간주될 때가 많다. 사람들이 일 때문에 많이 이동하는 사회는 훌륭한 사회이고, 빠르게 멀리 이동하는 것은 시공간 속 이동의 자유를 뜻한다는 것이다. 특히 서구 사회에서는 모빌리티가 자유나 해방이라는 개념과 관련되는 긍정적인 가치로 인식된다. 자동차 옹호 단체들은 자동차야말로 개인 자유의 표상이라고 주장한다. 그러나 다른 이들은 그런 실용주의의 위험성을 경고하면서 모빌리티가 근본적으로 양면적이라고 지적한다(Bauman, 2000).

우리가 더 빠르게 더 멀리 나아가는 이동에만 주목한다면 사람들의 존재 근거raison d'être를 설명하지 못할 것이다. 예를 들어 통근할 때 대부분 자동차를 이용한다고 해서, 실제로 다른 교통수단보다 운전을 더 좋아한다고는 할 수 없다. 도시에 산다고 해서 도시에 살고 싶어 한다고 볼 수도 없다. 이동의 속도/공간과 시공간 속 자유 사이의 연결 고리를 다루는 것은 행위자들의 의도뿐만 아니라 그들이 짊어진 의무와 압박의 복잡한 연결망을 분석하는 일이다.

이 같은 한계는 교통 분야의 사회과학 연구가 부족했기 때문이다. 1970년대에 서유럽의 교통 및 모빌리티 연구는 크게 성장하였다. 프랑스에서는 '행동 계획action plan'을 세워 연구가 진행되었고, 독일과 네덜란드의 연구는 풍부한 성과를 남겼다. 그러나 이 연구들은 가능성 제시에 그쳤고, 교통 관행에 대한 공식적인 모델링을 진행하지 않았다. 이제, 연구자들은 합리적이고 경제적인 모델은 현실적이지 않으며 공간 모빌리티를 이해하려면 학제간 접근법이 필요하다고 여긴다. 여기에는 딜레마가 놓여 있다. 복잡성 때문에, 또 관념적인 과잉 단순화에 의존할 위험 때문에 개방적인 연구 방식을 포기하게 될지 모른다. 혹은, 모빌리티의 범위를 넓히다 보면 복잡한 현상들이 만든 미로 속에서 길을 잃게 될지도 모른다.

2.3.3 핵심 질문: 우리는 왜 이동하는가?

근본적으로, 이동과 모빌리티 문제는 '사람들은 왜 움직이는가?'라는 질문으로 귀결된다. 우리는 긴장을 풀기 위해, 활동하기 위해 움직인다. 한 활동에서 다른 활동으로 넘어가려면 종종 역할, 상태 심지어 지위의 변화가 필요하다. 우리는 파트너와 함께하려고, 혹은 이제 헤어지려고 이사를 한다. 산책을 하거나 운전을 할 때처럼 단순히 이동을 위해 움직이기도 한다. 하지만 우리가 이동 역량을 갖추는 때는 언제일까? 그리고 이동하면서 이동 역량을 발휘하는 때는 언제인가?

최근까지 교통분야에서 사회과학적 연구가 활발하지 못했던 것은, 양질의 교통에 대한 사회적 수요가 증가하여 이론적 사고와 혁신적인 개념화에 필요한 응용 연구를 저해했기 때문이다. 전 세계에 걸쳐 교통 연구는 대개 공학 분야에서 이루어진다는 사실도 이 판단을 뒷받침해 준다.

그렇다 하더라도, 우리가 움직이는 방식은 급진적으로 변화했고 여전히 세상을 바꾸고 있다. 우리는 많은 사회과학자들이 '모빌리티 전회mobility turn'라고 부르는 세상을 살아가고 있다[Urry, 2007]. 모빌리티 전회는 글로벌한 변화의 핵심이며 정치, 사회, 경제 생활의 모든 측면을 건드린다. 교통과 통신의 전례 없는 성장은 고속도로, 철도, 공항 인프라의 만성적인 혼잡을 초래했다. 에너지 소비 문제는 대기오염, 소음공해, 매립 폐기물에 이르는 환경문제로 이어졌다. 특히 도시에서는 모빌리티가 사회공간적 응집력에 생긴 균열, 인지정보 관리의 어려움, 그리고 문화 간의 대립, 지역과 세계 차원의 갈등 같은 많은 문제들을 야기했다. 모빌리티 전회는 많은 영어권 국가들에서 새롭고 역동적인 사회과학 연구의 물결을 일으켰다[Cresswell, 2006]. 당면한 문제들에 대한 관심이 높아지면서, 마침내 교통사회학은 마땅히 받아야 할 이론적·실제적 관심을 받고 있다.

2. 4 모빌리티에서 모틸리티로

2.4.1 출발 지점: 체계로서의 모빌리티

앞서의 논의들은 모빌리티에 대한 이해를 증진시키려면 사회적 차원과 공간적 차원을 통합하는 총체적 접근 방식을 취해야 한다는 것을 보여 준다. 미셸 바송과 마리 클로드 브륄하르트Marie Claude Brulhardt는 《공간 모빌리티Spatial Mobility》(1980)에서, 모빌리티를 행위자의 상태 변화를 시사하는 어떤 움직임으로 규정함으로써 이러한 접근의 기초를 닦았다. 이 정의에서 모빌리티는 공간적이면서도 사회적인 것이 되어 모빌리티 개념의 풍부함을 회복한다. 저자들은 모빌리티를 이해하기 위해서는 다음 다섯 가지 방법론적 원칙을 적용해야 한다고 제안한다.

① 모빌리티를 사회 전체의 본질이 드러나는 완전한 사회현상으로 보아야 한다.
② 학제간 연구를 시도해야 한다.
③ 모빌리티는 서로 뚜렷하게 구분되는 미시적 수준과 거시적 수준에서 분석되어야 한다.
④ 이동과 그 결정 요인 및 결과를 고려해야 한다.
⑤ 모빌리티 분석에서 가장 중요한 것은 맥락이다.

이 원칙들은 특정한 형태의 이동으로 제한된 모빌리티 개념에 대한 대안이다. 모빌리티 연구의 가장 흥미로운 측면 중 하나는 다양한 형태들 간의 상호작용을 관찰하는 것이다. 이 상호작용은 그 형태들을 강화, 대체, 변화시킬 수 있다. 아주 고무적이긴 하지만, 그럼에도 불구하고 이 접근법에는 두 가지 한계가 있다.

첫째는 이동과 모빌리티 사이의 연결 고리와 관련이 있다. 모빌리티가 지위나 상태의 변화를 수반하는 어떤 이동이라고 보기 때문에, 이들은 모빌리티와 이동을 완전히 떼어 놓지 않는다.

시카고학파에게서 영향 받은 이들의 개념에서 이동은 사회 변화를 의미할 때 모빌리티가 된다. 로드릭 맥켄지Roderick MacKenzie(1927)는 모빌리티와 유동성fluidity을 대조하면서 전자는 개인의 인생 경로, 정체성, 사회적 지위에 영향을 미치는 사건 기반 이동(이주, 주택 구입 등)이며, 후자는 개인에게 특별하거나 지속적인 영향을 미치지 않는 이동(빵을 사러 나가거나 산책하는 것)이라고 보았다. 그는 유동성을 일상생활의 일상적인 움직임과 관련된 것으로 보았다. 우리는 여기에서 한 걸음 더 나아갈 수 있다. 물리적 영역의 이동과 사회적 영역의 이동은 다른 본질을 지니며 반드시 동시적인 것도 아니다. 물리적 영역의 이동은 사회적 지위의 변화가 있어야만 모빌리티로 바뀐다. 사회적 모빌리티는 물리적 이동을 필요로 하지 않는다.

두 번째 한계는 복잡성이다. 다섯 가지 원칙을 적용하면 실제보다 더 많은 상호작용들의 영향을 설명해야 하기 때문이다(Tarrius, 2000). 그러나 이와 같은 체계적 접근법은, 다양한 방식으로 나타날 가능성이 있는 독특한 현상으로 모빌리티를 이해하게 해 준다는 장점이 있다.

빌리 디트리히Willi Dietrich(1990)는 이런 지적들을 고려하여, 다양한 모빌리티 형태들이 특정한 **사회적 시간성**social temporalities에 따라 겹치는 것으로 보자고 제안했다. 이때 '사회적 시간성'이란 우리의 일상 활동과 역할에서의 매분, 매시, 매주, 그리고 이동할 때의 매주, 매월, 매년, 또한 이사와 직업적 모빌리티상의 매년과 인생 경로, 이주와 가족사적인 생애 등을 뜻한다. 이 형태들은 상호 영향 관계에 있다. 인생 경로처럼 더 긴 시간성을 지니는 형태들은 짧은 시간성 형태에 체계적인 영향을 미친다. 이사를 하거나 아이를 갖거나 직업을 바꾼 후에는 일상생활의 실질적인 공간이 바뀌기 때문에 자연스럽게 일상의 이동 패턴이 달라진다. 국제 이주는 일상 모빌리티 행위를 변화시킬 뿐만 아니라 여행의 관습(예를 들어 고국의 친구와 가족을 만나러 가는 일)이나 구체적인 주거 모빌리티 패턴(이를테면 아파트를 구입하면서 가구가 갖추어진 집으로 이사하는 것)에도 영향을 준다. 모빌리티를 단순히 이동 형태로서가 아니라, 상호 연결된 사회적 시간성 문제를 중심으로 조직된 체계라고 생각할 때 우리는 이러한 과정들을 더 잘 이해하게 된다.

2.4.2 새로운 모빌리티 개념화를 향하여

그 형태들이 시간적으로 상호 연결되는 변화로서의 모빌리티 개념과 앞서 이야기한 연구 성과를 토대로 삼아, 우리는 세 가지 분석적 차원에 기초하여 모빌리티를 개념화할 것이다(Kaufmann, 2008).

첫째, **가능성의 장**field of possibilities이다. 어떠한 상황이든 다양한 요인에 근거한 특정 가능성의 장들을 가진다. 기존의 도로, 고속도로, 철도망, 공항, 지역 통신시설만이 아니라 미래의 개발계획도 여기에 포함된다. 이 영역들의 작동 방식, 접근 조건, 공간과 그 이용(도시 지역, 기능 중심지, 공공 목적 토지 등), 직업시장(훈련, 고용 가능성, 실업률), 인적 활동에 대한 제도와 법률(가족정치family politics, 자산 및 주택 지원, 이민 정책) 등도 마찬가지다. 간단히 말해서, 가능성의 장은 성취 모델models of achievement과 그 구성원들이 마주한 도전에 따라 달라진다.

둘째, **이동 적합성**aptitude for movement이다. 개인이나 집단은 특정한 물리적·경제적·사회적 맥락 안에서 나름의 이동 적합성을 갖는다. 이러한 적합성들의 총체가 모틸리티motility〔운동성〕이다. 모틸리티에는 개인의 이동 역량을 정의하는 요소들(신체적 능력, 소득, 교육, 정착하거나 이동하는 생활 방식에 대한 동경, 교통 및 통신 시스템, 접근성, 운전이나 여행에 필요한 영어 회화 같은 기술)만이 아니라 이런 (넓은 의미에서의) 기회 활용, (기회 활용에 필요한 기술인) 적합성의 발휘, (계획 실현을 위해 기회를 이용하는) 실행 등을 가능하게 하는 접근 조건도 포함된다. 모틸리티는 개인이나 집단이 자신의 욕구나 계획과 관련된 이동 가능성의 장을 점유하고 활용하는 방식이다.

셋째, **이동**movement이다. 이동이란 물리적 공간에서 움직인다는 개념이다. 이동은 출발지에서 목적지로 가는 것일 수도, 진정한 출발지나 목적지가 없는 편력을 뜻할 수도 있다. 사람만이 아니라 사상, 사물, 정보도 이동한다.

물론 우리는 이 세 가지 사이의 관계가 갖는 본질을 쉽게 단언할 수는 없다. 가능성의 장이 효과적이면서도 접근성 좋은 네트워크를 제공한다고 해도, 사람들이 이를 언제나 이용하는 것은 아니기 때문이다. 잘 발달된 모틸리티는 사람들에게 환경을 변화시킬 힘을 주기보다는 그 환경에 머무르게 만들 수도 있다. 같은 이유로, 사람들이 많이 이동한다고 해서 가능성의 장이 이동에 유리하거나 이동하게 만든다고 할 수는 없다.

연구자들은 이런 모델을 이용하여 가능성의 장, 모틸리티, 이동 간의 관계를 탐구할 수 있다. 각각의 맥락은 모빌리티의 기회와 조건을 제공한다. 도심지와 교외는 북반구와 남반구만큼이나 큰 차이가 있다. 이동과 모빌리티의 차이를 강조하고 각각 다른 의미를 부여함으로써, 우리는 이 둘을 체계적으로 분리할 때의 효과를 더 잘 활용할 수 있다. 세 가지 경우로 나누어 생각해 보자.

첫째, **이동과 모빌리티**. 여기서 공간 모빌리티와 사회적 모빌리티는 함께 나타나며, 이는 물리적 영역의 이동이 사회적 영역의 이동을 동반한다는 것을 의미한다. 사회학에서 많이 연구된 이 관점은 사회가 (지역에 따라) 위계화된 조직이며, 여러 가지 환경과 생활양식에 대한 지식이 그 바탕에 있다고 가정한다.

둘째, **모빌리티 없는 이동**. 물리적 이동이 어떤 식으로든 행위자의 역할, 정체성, 사회적 지위를 변화시키지 않는 경우다(로드릭 맥켄지가 말한 유동성에 해당된다). 빵을 사러 가게로 가는 미시적 이동 말고도, 가장 상징적이고 널리 언급되는 사례는 앞서 언급한 사업가다. 외부 세계나 타자성과 거의 접촉하지 않으면서 물리적으로 이동할 때, 세상에서 그의 지위는 거의 변화가 없다. 직업의 틀 속에 갇혀

Paris 2011, Gare du Nord-Fanny Steib

거의 역할 변동을 겪지 않으므로 사회적 이동성도 없다.

셋째, **이동 없는 모빌리티**. 이는 공간적 요소가 없는 변화를 가리킨다. 소위 안락의자 여행이 여기에 해당한다. 소설이 빚어낸 상상의 세계 속으로 정신적 '도피'를 하는 독자, 새로운 정체성을 찾아 넷상으로 뛰어드는 게이머, 텔레비전에 빠져드는 시청자가 그런 예다. 심지어 마약도 그런 탈출구일 수 있다(마약을 하는 사람들은 흔히 '뿅 간다'는 표현을 쓰지 않는가?)

극단적이고 드문 예들이지만, 이 사례들은 모빌리티와 이동을 분리하는 일의 중요성을 보여 주며, 그렇게 할 때 우리는 모빌리티의 측면에서 이동을 설명할 수 있다. 다른 나라로 이주하거나 거기서 직업을 구하는 커다란 모빌리티(변화)를 낳는 이동과, 자동차로 두 도시를 오가며 매일 통근하는 것처럼 비교적 사소한 이동을 구분할 수 있는 것이다.

2.5 모틸리티의 중요성

지그문트 바우만Zygmunt Bauman(2000)이 말했듯, 이동과 모빌리티의 범위가 넓어짐에 따라 경제적 · 사회적 통합에서 모틸리티가 갖는 중요성이 커졌다. 이 과정의 첫 단계는 선택을 강조한다. 선택해야 할 가짓수가 늘어나면서 올바른 결정을 내리는 일이 더 중요해진다. 결과적으로 모틸리티는 더 많은 의미를 가지며, 우리가 일상생활에서 활동 계획을 짜는 방식에 창의성을 부여한다.

두 번째 단계는 교통수단 측면에서, 그리고 결과적으로 우리의 생활 측면에서 점점 증가하는 가능성들과 상응한다. 테크놀로지와 사회적 측면에서의 혁신은 이동에 필요한 접근성과 이용 기술을 끊임없이 변화시키고 있다. 특정 서비스(우편 및 은행 서비스, 기차표, 렌터카, 비행기의 온라인 예약)의 가상화로 인해, 접속과 그 이용을 위해서는 기존과는 다른 능력이 요구된다. 새로운 형태의 교통수단(저가 항공사, 차량 공유 서비스)도 잠재 수요에 대응하여 접근 방식과 그에 필요한 이용 기술을 변화시킨다. 사람들은 새로운 서비스의 결과에 만족하고 실질적으로나 재정적으로 접근 가능하다면 이를 이용할 것이다(예를 들어, 컴퓨터를 구입하면 온라인 티켓 예매를 쉽게 할 수 있다.)

따라서 개인이나 집단은 모틸리티가 사회통합에 필수 요소가 된 이 변화에 끊임없이 적응해야 한다. 가능성이 늘어나고 발전하면서 창의성과 새로운 시도들이 촉진되고, 이를 이용할 때 필요한 유연성과 적응력은 개별 실천과 연결된다. 따라서 조금씩 변화하는 세계 속에서 모틸리티는 사회통합에 더 큰 영향을 끼친다.

돈이 경제적 자산인 것처럼 지식과 지식의 전수는 문화적 자산이다(인류학적 의미가 아니라 계속 육성된다는 의미에서의 문화를 가리킨다). 마찬가지로 관계의 네트워크도 사회적 자산이다. 모틸리티는 모빌리티이자 모빌리티의 구성 요소 중 하나다. 사람들은 다양한 수준의 모틸리티를 지닌다. 모틸리티를 지니는 방식도 각기 다 다르다. 문화적 · 사회적 · 경제적 자산이 계급적 지위를 의미하는 것과 달리, 모빌리티는 사회적 지위의 수직적 · 수평적 차원을 모두 의미하며, 따라서 사회적 불평등의 새로운 형태를 강조하고, 더 나아가 시공간과 개인의 관계에 바탕한 서로 다른 생활양식 간의 차이를 구별하게 한다. 창의적인 문제 해결 방식은 생활 환경에, 계획의 실행 방식에 달려 있을 때가 많다. 그러므로 모빌리티는 우리가 얽혀 있는 시공간적 그물망의 형성에 중요한 역할을 한다.

여러 시도에도 불구하고, 가장 성공적인 사회통합 방식은 대부분 물리적 공존에서 나왔다. 이 사실은 사회통합 과정에서 모빌리티가 수행하는 역할을 두드러지게 한다. 팀 활동, 직장 내의 협상, 동거, 가족끼리의 오붓한 시간, 저녁 식사, 친구들과의 영화 관람, 계약 체결과 같은 법적 행위 등 여러 활동들은 함께 모여야만 가능하다(Urry, 2007a). 20세기 초에 게오르크 지멜이 지적했듯이, 대면접촉은 인간 상호작용의 초석이다. 따라서 통합을 위해서는 물리적 · 지리적 격차를 해소하는 방법을 찾아야 한다.

2.6 모빌리티 측정

모빌리티를 어떻게 측정할 수 있을까? 이미 살펴본 바와 같이, 모빌리티는 주로 어떤 기회의 활용에 필요한 접근 조건(즉, 자신의 계획을 실현하기 위해 그 기회를 이용할 기술과 능력)에 달려 있다.

모빌리티 개념의 중요성을 과소평가하는 연구들은 접근access, 기술skills, 욕구aspirations라는 세 가지 면에서 모빌리티를 문제 삼으면서 각기 분리된 차원으로 모빌리티를 구분한다. 이런 방식은 이 세 차원이 서로 겹치면서 나타나는 복잡성을 제대로 인식하지 못한다.

2.6.1 접근성

접근성accessibility에 관한 많은 연구들은 현대사회에서 접근성이 점점 더 중요해지고 있음을 보여 준다(Castells, 1998; Bauman, 2000; Urry, 2007). 제레미 리프킨Jeremy Rifkin과 같은 이들은 접근성을 미래 자본주의의 조직적 패러다임으로 상정하기도 했다. 리프킨은 자산과 자본의 '탈물질화dematerialization', 식량 및 에너지의 고갈, 고정수입의 감소, 자산 사용권 분할의 증가, 쇼핑센터와 같은 공공공간의 사유화 등으로 인해 접근 문제가 서구 사회의 중심축이 되어, 네트워크가 시장과 접근 자산을 대체하는 새로운 시대로 접어들게 되었다고 주장한다 (Rifkin 2000: 10).

사회경제학과 지리학은 오랫동안 접근 문제의 재정적·시간적 측면을 다뤄 왔다.[2] 경제적으로, 접근은 가격에 기반해 작동하며 따라서 소득 문제와 연결된다. 가격 메커니즘으로 인한 접근 불가능

---

[2] 접근은 본질적으로 물리적 구성 요소를 가진다. 접근성은 최근까지 사회과학에서 많이 논의되지 않았고, 개인의 접근성 제한 문제에 주로 초점을 맞춰 왔다.

성의 사례 중 하나는 평균적인 소득을 올리는 개인들이 집을 소유하고자 하는 경우다. 집의 가격이 높아 소유가 어려우면 사람들은 집단 주거지(공공 또는 민간 관리 아파트)에 거주하곤 한다. 또 다른 예는, 도시 중심지에서 일하면서 출퇴근을 위해 대중교통을 이용하는 통근자들이다. 이들은 가능하면 운전을 하고 싶지만 엄청난 주차 요금 때문에 운전을 선택하지 못한다. 여기서도 비용이 제약 요인이다. 도시 교외 문제에 등장했던 주거 배치residential assignment 문제와도 관련이 깊다. 연구에 따르면, 경제적 문제를 안고 있는 가구들의 상당수가 다른 곳에서 살고 싶어 한다. 이 연구 결과는 빈곤층 가구의 자동차 의존성에 관한 연구(Froud et al., 2005)와 함께, 차량에 대한 접근성 부족이 고용시장으로의 접근뿐만 아니라 일상적인 활동(우리가 규정하는 모빌리티)을 크게 제한한다는 것을 보여 준다. 예를 들어, 영국에서는 운전면허증이 있는 청년들이 면허증을 소지하지 않은 이들보다 직업을 찾을 가능성이 훨씬 높았다. 마찬가지로, 차를 소유하지 않은 사람들은 자동차 소유자들보다 친구를 만나는 일에 (즉, 접근에) 큰 어려움을 겪었다. 때문에 많은 가정들은 자동차를 가질 여유가 없어도 자동차를 소유한다(Froud et al., 2005).

시간과 관련하여, 시간지리학과 계량 시제 논리metric temporal logic의 발전에 따라 접근 개념은 1970년대에 많은 경제학과 지리학 연구의 대상이 되었다(Hägerstrand, 1975). 이 연구들은 특히 접근과 관련한 인간 활동에서 시간의 역할을 강조하였고, 대체로 접근성 개념에 기초하였다. 교통 서비스와 인프라 서비스의 스케줄은 그 이용자들에게 어떤 체험을 강요한다. 탄력적인 근무가 가능한 사람은 출퇴근 시간의 혼잡을 피할 수 있지만, 야간 근무를 하는 사람은 대체로 차를 이용해야 하고, 사회생활도 어려워진다.

최근 영국에서 이루어진 시간과 접근에 대한 연구들은 사회생활에서 반복적 일상이 결여되면 조직화가 매우 어려워진다(따라서 접근성이 떨어진다)는 것을 보여 주었다(Cass et al., 2003; Shove, 2002). 이 연구들은 또 접근성 문제가 민간/상업 시설이나 사회적 소통 문제(우정, 가정생활, 일상적인 사회적 관계 등의 유지)만이 아니라 공공 기능(직장, 학교, 병원, 기타 공공서비스 및 시설)의 측면에서도 흔히 나타난다는 것을 보여 준다(Urry, 2007b).

2.6.2 기술과 지식

'기술skill' 개념은 교육사회학에서 중요시되면서 점차 지식knowledge 개념을 대체하게 되었다. 사회적 모빌리티 분석은 기술에 중점을 두었고, 상승 지향적인 사회 모빌리티 문제에서 사회자본과 문화자본(두 가지 유형의 기술)을 핵심 요소로 삼았다(Wright, 1992). 지난 10여 년 동안 책임성responsibilization과 유연성flexibility에 대한 논의들이 늘어나면서, 기술 개념은 점차 사회과학을 이끄는 원리로 자리 잡았다. 기술에 대한 관심이 갑작스레 커진 것은 실용주의 사회학의 대두와 관련이 있을 것이다. 실용주의 사회학은 행위자들의 기술이 다양하다는 사실을 고려한다는 장점이 있기 때문이다(Genard, 2008).

이 주제에 대한 많은 연구들은 우리가 이동과 모빌리티를 창의적으로 이용하고 시스템을 우리에게 유리하게 변형하려면, 일상생활의 근본적인 차원에 재빠르게 자리 잡은 광범위한 기술들을 이용해야 한다는 점을 일러 준다. 기술은 시간과 공간의 틀 안에서 단기·중기 활동을 계획, 조직, 처리하는 역량에, 그리고 일상 공간에서 편안함을 획득하는 방법을 배울 수 있는 역량에 상당 부분 기초해 있다. 그러나 직설적으로 말해서, 어떤 개인은 다른 개인들과 평등하지 않다. 생리적·심리적 능력의 차이, 그리고 방향을 설정하고 하루의 일을 선명하게 떠올리며 계획할 수 있는 능력의 차이는 당연히 불평등을 초래한다.

이동에 필요한 기술은 빈자의 무기가 될 수 있다. 소득의 부족을 통신망과 교통망에 접근하는 것으로 보충하는 것이다. 휴대폰 할인, 저가 항공사 티켓, 할인 기차표, 막바지 휴가 상품, 여타 특가 상품들을 획득해 가능한 한 싸게 여행하는 능력은 부족한 재정 수단을 모빌리티로 대체하는 사례들이다. 그러나 이 기술들은 예측과 반응 능력을 상정한다.

결론적으로 볼 때 이 모든 연구 결과들이 암시하는 것은, 공식적인 훈련이나 교육이 제공하는 모빌리티 기술은 일부분에 불과하다는 사실이다. 우리는 그 대부분을 교실 밖에서 배운다.

2.6.3 욕망과 욕구

욕구aspirations에 대한 연구들은 인기가 높다(욕구의 중요성을 다룬 폴 앙리 송바르 드 로우Paul-Henry Chombart de Lauwe의 제자들이 수행한 연구들이 많고, 이들은 주로 경험 개념에 바탕을 둔다). 프랑수아 뒤베(1994)는 행동을 이끄는 논리의 실패를 관찰하면서 경험의 사회학, 즉 "기본 원칙으로서의 이질성heterogeneity이 지배하는, 이질성에 바탕해 자기 행위에 의미를 부여하는 개인의 행동이 지배하는 행동의 사회학"을 내세웠다(Dubet, 1994: 15). 이렇게 규정된 경험 개념은 이론적 기획을 행위에 대한 실증적 사회학과 연결하게 해 준다. 행위 논리의 조합에 근거하는 '경험' 개념은 다음의 세 가지 주요 특징을 갖는다.

① 행동을 조직하는 문화적·사회적 원리의 이질성. 이는 가치의 통합이나 도구성instrumentality에서, 그리고 패턴이나 정동affective의 확립에서 나타날 수 있다. ② 개인들이 자신의 실천과 기회에 대해 설정한 비판적 거리. ③ 사회적인 것의 구성에 중심적 구성 원칙이 부재하는 것(Dubet, 1994: 16-19).

모틸리티의 획득과 이동 및 모빌리티로의 전환은 기본적으로 개인의 욕구와 미래에 대한 계획에 기초하여 이루어진다. 이는 접근성과도 관련 깊은 주제라고 할 수 있다. 소외계층에게 평등한 대중교통 접근을 제공하려는 정책들이 부딪히는 장애물 중 하나는, 분명히 계획 차원과 관련이 있다. 더 경제적이고 믿을 만하고 성능 좋은 교통수단들이 등장하여 동네 바깥으로 나가는 일이 의심할 여지 없이 쉬워졌지만, 여전히 문제는 남는다. 어디로 갈 것인가? 뭘 해야 할까? 왜 해야 하는가?(Urry, 2007b) 소외계층에 대한 많은 연구들은 어떤 사람이 동네에서 '나가는 것'이 얼마나 어려운지를 보여 준다. 계획과 이동은 서로 얽혀 있기 때문이다(Le Breton, 2005). 따라서 계획을 갖는 것, 또는 계획을 갖지 못하는 것은 불평등의 형식에서 비롯된다. 레이먼드 보든은 40여 년 전, 이를 직업 모빌리티의 측면에서 불평등의 근본 원인 중 하나라고 보았다.

2.6.4 체계로서의 모빌리티

앞에서 살펴본 사례들은 접근, 기술, 욕구가 불가분의 관계이므로 이 셋이 모틸리티 측정에 적합한 개별적 차이를 갖지 않는다는 사실을 드러낸다. 욕구와 계획을 갖는 것도 일종의 기술이다. 접근도 마찬가지다. 기술을 습득하고 접근 수단을 마련하게 하는 것이 욕구다. 기술을 지니는 것은 접근을 용이하게 한다. 욕구를 지니는 것도 접근이라고 볼 수 있다.

존 어리(2007b)는 '접근'이라는 포괄적인 용어 아래에 기술을 포괄하면서, 이를 '네트워크 자본'이라고 부르자는 제안을 내놓았다. 나중에 이 부분을 더 논의할 생각이다. 중요한 것은 개인이나 집단이 모틸리티를 가질 수 있다는 것이며, 더욱 중요한 것은 개인이나 집단이 서로 비교 불가능할 만큼 다른 모빌리티 유형들, 즉 다차원적 현실을 지닌다는 것이다. 더 나아가, 우리는 이 다차원성

multidimensionality이 개인이 지닌 이동 적합성의 혼합으로 귀결되며, 모틸리티는 개인들이 머무르거나 이동하게 만들 수 있다고 본다.

이 두 가지 차원을 탐구하기 위해 최근의 연구들에서 진행된 인터뷰를 참고한다(Flamm, 2004; Kaufmann, 2008).

먼저 살펴볼 것은 모틸리티에 관한 두 여성의 인터뷰이다(미켈 플람Michael Flamm이 진행했다). 두 사람 다 높은 모틸리티를 지녔고, 멀리 이동하며, 스케줄과 활동 모두 복잡한 패턴과 구조를 지녔다. 한 마디로, 둘 다 이동성이 강했다.

한 명은 바젤의 호텔에서 일하는 젊은 여성이다. 제네바 출신인 그녀는 10년 동안 스위스와 독일의 여러 도시에서 일했고, 그만큼 이주 경험이 풍부하다. 그녀의 파트너도 호텔업계에서 일하지만 취리히에 살고 있으며, 두 사람은 함께 주말을 보내는 경우가 많다. 먼 곳으로 여행하는 일을 즐기고 정기적으로 여행을 한다. 직장과 가까운 시내 중심가에 살고 있는데, 스케줄이 불규칙한 그녀에겐 아주 편리한 위치다. 그녀는 걸어서 출근하기를 좋아하고, 걷기는 정신없이 바쁜 날에도 분위기를 신선하게 바꿔 준다. 그녀는 주변 도시 환경의 감각적 특성을 잘 알고 있고, 보통 이를 이용하여 기분을 푼다. 차는 소유하지 않기로 했다.

또 한 명은 로잔에 사는 50세가량의 기업 임원이다. 역시 기업 중역인 남편과 함께 독일어권 스위스로 이사한 후에는 두 사람 모두 장거리 통근자가 됐다. 아들은 해외에 산다. 이들은 저녁과 주말에 레저 모빌리티를 즐긴다. 따라서 중간 정도의 모빌리티를 실천하고 있다고 할 수 있다. 그녀는 시간제근무자(80퍼센트)이므로, 매일 대중교통으로 네 시간씩 출퇴근한다. 기차에서 보내는 두 시간은 그녀에게 '자유 시간'이다. 이를테면 전화 통화를 하면서 어떤 기회나 의무를 이용하거나 이행하는 데 이 이동 시간을 쓸 수 있다. 이 기회에 대한 개방성은 하루의 계획을 바꾸거나 사회적 스케줄을 변화시키기도 한다. 그녀는 차를 가지고 있다.

두 경우 모두, 개인의 모틸리티는 고도로 발달되어 있다. 접근을 선택할 수 있고, 이용자의 기술은 생활 방식에 부합하며, 계획하는 능력은 포괄적이고 유연하게 다른 기회를 붙잡을 수 있게 한다. 이들의 모틸리티 잠재력이 모두 이동으로 변화된 것은 아니다. 어떤 기술이나 접근은 사용되지 않거나 선택되지 않았다. 자신들이 자유롭다고 말하는 두 여성의 이동 대부분은 자신들이 원하는 대로 이루어진다. 이 경우에 누가 더 큰 이동 적합성을 갖고 있다고 말하기는 어렵다. 모틸리티를 측정하기 어렵고, 둘 다 양면성을 갖고 있기 때문이다.

첫째로, 둘 다 자기의 직업을 중시한다. 고용주가 피고용인(특히 관리자)의 모빌리티를 요구하기 때문에, 다양한 모빌리티 선택지를 지닌 것은 경력을 쌓으려는 사람들에게 어떤 면에서는 의무에 해당한다. 둘째로, 이들의 복잡한 직업적 스케줄을 감안할 때 모틸리티와 이동의 통합은 이들이 삶을 꾸려 나갈 때 누리는 유일한 '자유'가 된다. 매일의 출퇴근을 '의미 있게' 만들려는 욕구는 바쁜 스케줄에 의미를 부여한다. 숨을 돌릴 수 있는 방법, 일상 속 자유의 공간인 것이다. 두 번째 사례의 여성이 지닌 유연성은 활동 영역이 겹치는 복잡한 상황에서도 어느 정도 자유를 찾게 해 준다.

장거리 통근자들의 이른바 자유는, 우리가 어떤 삶을 선택해야 하는가라는 질문으로 되돌아오게 한다. 모틸리티와 모빌리티의 일치 정도는 개인이 부여한 우선순위와, 이에 근거한 자원 배분에 따라 달라진다. 어떤 이들은 이동의 '자유'를 선택하고, 다른 이들은 다른 작업을 위해 이 여유를 활용한다. 여기서 다른 방식으로 자기 여유를 활용하는 사람들이 '덜 자유롭다'고 말할 수는 없다.

이 예들은 이동과 모빌리티의 구분 말고도, 몬틀렛Montulet(1998)이 지적했듯이, 자유에 관한 모빌리티의 양면성을 잘 보여 준다. 이동성이 높은 사람들, 즉 여러 가지 방식으로 그리고 (역할 변화를 암시하는) 여러 이유로 이동하는 사람들은 직업적 역학 관계에 얽매여 있을 때가 많다. 위의 두 사람이 그러하듯, 테크놀로지가 제공하는 속도를 최대한 이용하는 이들은 직업과 경력을 가장 우선시하는 사람들이다. 이들의 강화된 모빌리티는 회사가 요구하는 유연성에 대한 직접적인 반응이기도 하다.

가장 기본적이면서도 양면성을 갖는 모빌리티 형태, 예컨대 직업 분야와 개인 영역의 타협에서 비롯되는 모빌리티 형태는 탈출보다는 복종에 가깝다. 그러므로 장거리를 빠른 속도로 통근하는 것은 사회통합의 통과의례처럼 보인다. 테크놀로지가 제공한 이 이동 형태는 사회생활의 다른 영역들을 결합하는 필수 조건이 되어 가고 있다. 이는 어떤 면에서 분명하게 우리를 일상생활의 제약에서 해방시켰지만 동시에 새로운 제약을 낳았다. 예전에는 서로 화해할 수 없었던 것들을 달래고 결합하면서, 가능성의 범위는 넓어졌지만 그 요소들의 상호의존성도 커졌다. 예를 들어, 초스피드로 이동하는 교통수단을 많이 이용하는 사람들은 여러 제약 조건들을 감수하면서 가장 짧은 시간에 가장 먼 거리를 이동하는 삶을 살아가야 한다. 선택권이 주어진다면, 대부분은 집 가까이에 머무는 쪽을 택하며 동네를 느릿하게 돌아다니고 싶어 한다. 따라서 킬로미터 수나 여행의 속도는 자유에는 가장 나쁜 지표다. 가장 '자유로운' 이동은 집 근처를 느리게 움직일 때 나타난다. 감각적 특질과 의미 있다는 느낌을 제공하기 때문이다.

2.6.5 가능성의 장

자유와 모빌리티의 연결은 이동 그 자체보다, 가능성의 장field of possibility과 행위자의 모틸리티에 달려 있다. 이런 관점에서 가장 큰 자유는 이동과 모빌리티에서의 유연한 가능성의 장, 다양한 방식으로 갱신될 수 있는 가능성의 장에서 획득될 수 있다. 즉, 복수성 pluralism이 가능한 상황이어야 한다. 모든 사람이 더 빨리 더 멀리 이동하거나 그렇게 되기를 꿈꾸는 세계, 느리고 지역적인 것은 거부되는 세계에서는 그런 자유를 얻을 수 없다.

3장

**모빌리티에 기초한
도시 이해**

Tokyo 2008-Jérôme Chenal

3.1 서론

도시는 일반적으로, 또 도식적으로 밀도와 다양성의 만남이라고 정의될 수 있다(Lévy, 1999). 밀도는 도시의 건설 정도와 인간의 밀도 모두를 의미한다. 다양성은 그 실체(도시가 제공하는 서비스의 결합, 영구적인 인구 혹은 도시에서 일하지만 그곳에 살지는 않는 일시적인 인구 등), 건설 환경, 공공공간, 기술적·지역적 네트워크 등을 의미한다. 이 정의는 최소한도로 정의할 때나 대체적인 윤곽을 가리킬 때나, 이번 장의 도약대 역할을 한다. 어떤 도시의 독특한 다양성과 밀도는 형태, 서비스, 생활양식의 배치에 따른 결과이며, 이 세 요소는 오늘날의 도시 역학이 겪는 변화의 중심에 자리한다.

도시의 확장으로 도시와 시골 사이의 고정된 경계가 점차 사라진 것은, 그 증식과 속도 잠재력의 다양화로 인해 서비스 인프라, 도시 형태, 생활양식의 결합에 나타난 변화를 의미한다. 모틸리티는 너무나 많은 선택지가 주어지는 요즘 세계에서 행위자가 계획을 실현하기 위해 발휘해야 하는 근본적인 기술이라고 할 수 있으며, 도시에 나타난 증식과 다양화의 결과이기도 하다. 도시는 그 자체로 모빌리티(앞서 모틸리티를 규정한 것처럼, 변화와 관련된 모빌리티)를 가지고 있으며, 따라서 사람들이 사회를 이루듯 도시는 도시가 된다.

서비스 인프라-도시 형태-생활양식의 배치와 변화는 은연중에 행위자들의 모빌리티에 기대고 있으며, 나아가 이들의 계획과 욕구에 대한 도시의 수용 능력을 규정한다는 것이 3장의 주장이다. 특히, (도심 지역을 포함하는) 장소는 행위자의 이동과 모빌리티를 기반으로 이해되고 독해될 수 있으며, 서로 다른 행위자들의 (개별적이고 집단적인) 모틸리티가 해당 환경의 수용 능력과 조합된 결과라고 볼 수도 있다.

우리는 환경을 구성하는 것(도시, 지역, 영토)이 무엇인지, 시간이 지나면서 그것이 어떻게 만들어지는지, 도시를 도시답게 만드는 것이 무엇이며 도시는 어떻게 변화하는지를 명확하게 파악해야 한다. 이것이 3장의 목표이다. 현대 도시는 도시 속에 용해되지 않는다는 일부의 주장과 달리, 이 목표를 달성하면 현대 도시를 분석적으로 정의할 수 있다(Le Galès, 2002; Ascher, 1995). 행위자들의 모틸리티와 이것이 주변 환경에 끼친 영향의 분석은 도시라는 개념의 회복에 도움을 준다.

3.2 영토 개념의 정의

영토territory는 행위자들의 모틸리티와 계획과 욕구와 해당 환경의 수용력이 만나 빚어낸 결과다. 따라서 영토는 연속적인 세대, 집단, 개인들이 만들어 낸 퇴적물들이 쌓여 가는 점진적인 과정을 거쳐 형성된다.

행위자들의 활동은 영토 개념에 강한 영향을 준다. 시간과 공간을 통해 행위자들의 활동을 추적하면, 활동이 일어나는 환경을 의미하는 '지역domain'을 발견하게 된다. 앞으로의 논의를 위해 여기서 영토를 특수한 활동이나 경험의 발전을 가능하게 하는 물리적 배경이라고 정의한다. 배경setting이라는 말은 어떤 행위를 규정하고, 가능하게 하며, 수용하는 (물리적일 수도 있고 아닐 수도 있는) 장치들을 의미한다. 행위와 물리적 공간을 연결하면, 환경은 인간 행동의 공간적 조직과 사회의 정치적 조직 모두의 틀이 된다.

영토 개념의 사용을 논하기 전에, 환경의 공간적 특성을 결정하는 물리적 요소에 대한 연구들을 간략하게 살펴보자.

지리학에서는 크게 두 가지 방식으로 영토를 다룬다. 한쪽에서는 영토를 무엇보다 사회적으로 영향을 미치며 물질적으로나 상징적으로나 닫혀 있는 공간으로, 즉 '지형학적으로 측정된 공간topographical metric space'으로 본다(Levy, 2003). 그러나 우리는 환경과 네트워크가 공간을 구성하는 나름의 방식이 있다고 보아 이 둘을 구분한다. 또 하나는, 좀 더 광범위한 시각에서 영토를 기본적으로 "개인 또는 사회 공동체를 지원하는 데 필요한 실제 조건을 구성할 수 있는 물질적 · 상징적 자원의 배치"로 정의한다(Debarbiux, 2003). 결과적으로 공간적 연속성 · 네트워크 · 영토는 동일한 개념으로 간주되며, 해당 환경을 형성하는 다양한 실체를 통제하고 조직하는 여러 방식을 가리키게 된다. 두 가지 연구 방향을 모두 적용하면, 우리는 시공간 속에서 인간 활동을 조직하는 방식인 두 가지 추상적 유형, 즉 정주적sedentary 유형과 유목적nomadic 유형을 구분할 수 있다. 정주적 환경(닫힌 공간 영토와 유사하다)은 그 경계로 규정되고 당국의 통제를 받는다. 유목적 환경은 행위자들의 이동에 따라 만들어진다. 여기서 사람은 유목민처럼 환경과 함께 이동하며, 해당 장소에서 그 사람의 현존은 그곳에서 발전시킨 사회적 관습과 이동 중에 마주친 대상으로 인해 변화를 겪는다. 유목적 유형은 물리적 환경을 개인과 물리적 공간의 속성으로 본다는 장점이 있다. 따라서 공간의 전유appropriation와 이동 역량이 논의의 중심에 놓인다. 전유는 정주적 영토에서도 중심적인 개념이다. 환경을 지속적이면서 명확하게 규정된 공간으로 이해하는 것은, 그 속에 존재하는 실체를 통제하려는 욕구와 역사적으로 밀접한 관계가 있다. 따라서 정주적 영토는 다양한 존재들의 공간적·시간적 배치라고 할 수 있으며, 이는 특정한 활동을 가능하게 한다.

　활동이 물리적 측면에서 조직되는 일이 사라진 것은 아니지만, 그 규모와 구성 원리는 더 다양해지고 복잡해졌다. 그러므로 영토 연구는 행위자의 존재와 현실을 고려하면서 활동과 경험의 구성을 철저하게 탐구해야 한다.

3.3 인간 경험과 사회조직

인간 활동과 영토 사이의 연결을 체계적으로 분석하려면 ① 거주 dwelling, ② 접촉meeting, ③ 사용using ④ 소비consuming라는 인간 경험의 네 가지 핵심적인 차원을 이야기해야 한다(Pattaroni & Kaufmann, 2011). 이 네 차원은 모두 가장 개인적인 것에서 가장 공공적인 것에 이르는 인간 경험의 깊이를 통찰하게 해 준다. 질적으로 훌륭한 삶을 영위하기 위해서는 개인적 차원과 공공적 차원이 모두 중요하다.

더욱이 이 네 가지 차원은 개인과 물질세계와 이 둘이 공간에서 조직되는 방식을 결합하며, 이는 각 영토의 특정한 측면에 따라 달라진다(Breviglieri, 2002). 거주는 거주 공간에, 접촉은 사회적 공간에, 사용은 기능적 공간에, 소비는 상업 공간에 해당한다.

• **주거 공간**dwelling space 영토적 차원은 더 크고 복잡한 의미에서 실제 생활 방식으로 파급되고, 여기에는 개인이 편안함을 느끼고 자신의 '존재론적 안전ontological security[1]에 필요한 일상 행동을 확립하게 해 주는 장소들이 포함된다. 이 환경이 반드시 공적인 것과 사적인 것 사이의 경계, 자기 집 담이라는 경계를 고집하는 것은 아니다. 오히려 이는 자기가 처한 환경에서 편안하고 친숙하고 안전하게 느

---

[1] 기든스에 따르면, 존재론적 안전은 자신감과 자율성을 획득하기 위한 조건이다. 이 개념을 공간적·물질적 조건과 구체적 행동 논리에 연결하는 연구도 있다(Breviglieri, 2002).

낄 수 있는 능력과 관련된다. 그 환경의 질적 측면, 그리고 행위자들이 환경과 관계 맺는 방식은 환경을 유용하게 활용하기 위해 꼭 필요한 조건이다. 거주 공간을 이해해야만, 여러 장소에 머물고자 하는 사람들(장거리 통근자, 계절에 따라 이동하는 이들, 노숙자, 가난한 도시 거주자 등)의 욕구에서 비롯되는 긴장을 이해할 수 있으며, 존재론적 안전을 획득할 수 있는 능력(혹은 무능력)도 파악할 수 있다.

• **사회 공간**Social space 대인관계의 공간(동거, 이웃, 소셜네트워크)은 사람들이 만나고 사회적 관계를 맺으며 소통하는 장소를 의미하며, 멀리 떨어져 있어도 가까운 관계를 유지하게 해 준다. 이 영토 차원의 네트워크는 사람마다 다르다. 관계(그리고 그 결과로 생긴 영토)는 상호주의라는 개념에 따라 성립하며, 이는 연대의 구성이나 이른바 '사회적 자본'의 발전에 반드시 필요한 대인관계의 전제 조건이다. 따라서 사회적 자본의 증가는 특정 환경('사회적 자본'의 획득에 필요한 관계와 기술을 제공하는 배경)의 발전과 연결된다. 그러한 기술이나 자질이 없는 개인에게 사회적 환경은 배제의 공간일 수 있다.[2]

• **기능 공간**Functional space 기능 공간은 해당 환경 내에서 모든 것이 원활히 실행되도록 하는 데 필요한 요소들(전력 공급 인프라, 상하수

---

[2] 개인이 지닌 사회적 기술(신체적 능력, 교육, 다른 문화를 받아들이는 능력 등)이 부족하기 때문일 수도 있지만, 개인의 지위(젠더, 인종, 계급, 경제적 계층 등)로 인해 사회적 관계에 대한 접근이 거부되기도 한다.

도 시설 등)의 종합이다. 이 공간에서는 표준과 전문 지식이 매우 중요하다. 전력 공급 인프라처럼 도시 수준을 넘어서는 공간일 때도 있다. 기능적 공간에는 '자격을 갖춘' 개인들이 존재한다. 다양한 서비스 및 기술 인프라의 사용자, 그리고 이를 개발하고 유지하는 전문가 등이다. 이들은 전체 시스템의 효율성을 향상시키는 표준화 과정으로 조직된다. 이 영토적 차원은 어찌 보면 서로에 대해 알 필요가 없는 개인들이 협력하여 각자의 프로젝트를 추진할 수 있도록 만든다. (신체적 능력, 인지 능력, 재정적 수단, 차별 등으로 인해) 서비스와 인프라에 접근하거나 이를 이용할 수 없는 사람들에게는 혼란스러운 공간이자 시험대에 오르게 하는 공간이다.

• **상업 공간**Commercial space 상업 공간은 도시 생활의 기능적 공간과 나란히(혹은 얽혀서) 존재한다. 상업 공간 네트워크에는 토지 평가와 건설뿐 아니라 국제적 혹은 국가 내 토지 교환이 법적 규제의 대상이 되는 네트워크도 포함된다. 개발자는 이윤 극대화에 열심이며, 세입자와 주택 소유자도 이익을 올리고 주택을 마련하려고 노력한다(여기서 집은 매입·매도·임대할 수 있는 가격을 지니는 상업적 대상이다). 영토의 상업적 차원은 경제적 생산물이 분배되고 소비자 공간의 네트워크와 (국지적 층위에서도 일어나는) 경쟁이 결합되는 공간이다. 경쟁 원리가 지배하는 사람과 사물의 네트워크는 더 높은 이득을 올릴 해결책을 창출하고, 따라서 번영을 가져온다고 간주된

다.[3] 또한 이 공간은 새로운 장벽을 쌓아서, 비공식적인 경제 및 생활 방식의 대안적인 공간을 만들어 낼 수도 있다.

종합하면, 이 네 가지 차원은 해당 환경의 실체를 구성하고, 각각의 차원은 그와 관련된 특정한 활동과 경험을 가능하게 하는 물질적이고 관습적인 요소들로 구성되어 있다. 네 차원은 또한 가장 사적인 것(편안함, 존재론적 안전)에서부터 가장 공공적인 것(효율성, 경쟁, 안전성)에 이르는 다양한 유형들을 낳으며, 형식화의 정도와 이를 이용하고 향유하기 위해 개인에게 필요한 기술 면에서 차이를 보인다.

이 네 가지 차원의 물질적 특성은 개인적·집단적 수준에서 특정한 행위들의 영향을 받을 수 있다. 이 분류는 인간 경험의 다양성을 고려하므로 행위의 여러 수준과 형태를 구별하는 데 도움을 준다.

과거의 지역 분할과 그 내부에서의 동질적 생활 방식은 장소와 활동을 동일시하거나 연결하게 해 주었고, 따라서 맥락이나 활동에 기반하는 도시계획을 세우기가 쉬웠다. 훌륭한 도시계획은 '좋은 삶'에 대한 다소 자의적인 정의를 바탕으로 했다. 모틸리티로 인한 생활 방식의 다양화, '좋은 삶'에 대한 관념의 변화, 활동에 대한 전통적 기준의 점진적인 해체는 도시계획을 부적절하고 쓸모없는 것으로 만든다(Florida, 2005). 즉, 지역적 구성이라는 러시아 인형의 붕괴는

---

[3] 사회 내 사람과 사물의 질서 원리에 대한 일반이론은 Boltanski and Thévenot(2006)을 참고할 것.

이 네 가지 차원을 상호연결과 닫힌 공간이라는 측면에서 바라볼 수 없게 만들었다. 따라서, 과연 하나의 도시 공간에서 여러 기능과 사용의 공존이 가능한지가 의문시되었다(Lussault, 2007).

생활 방식의 물리적 재구성, 도시 질서의 변화, 새로운 배제와 분리 과정을 연구하려면, 행위자들의 서로 다른 행동 논리와 행위의 달성에 필요한 조건을 고려해야만 한다. 도시계획의 원칙과 공개 토론된 내용만을 가지고 도시정책을 분석하는 것은 옳지 않다.

공간과 경험의 관계를 탐구하면, 도시의 기능적 이용에서 공공공간에서의 친근한 상호작용에 이르는 네 가지 영토 차원의 각기 다른 구성 유형들을 구분할 수 있게 된다. 이는 각기 요구되는 기술과 그 맥락에 따라 다양하게 나타난다. 행위자들의 계획과 욕구는 이 다양성에 기초하여 발전한다.

우리는 이제 문제의 핵심에 도달했다. 행위자들의 계획과 욕구에 대한 환경의 수용 능력이 그것이다. 영토의 네 가지 측면은 이동이라는 형식 속 (계속 변화하고 발전하는) 모틸리티의 집합으로, 이 이동이 영토 속에서 마주하는 도시의 수용력이라고 볼 수 있다. 형태와 도시 서비스를 비롯한 생활 방식의 새로운 기능적 구성으로 인해 유럽이 지난 50년 동안 겪어 온 변화들은 행위자 기반의 영토 개념(즉, 모틸리티와 그 시공간 속 변형), 그리고 수용력 개념을 활용하면 훨씬 더 심층적으로 파악할 수 있다.

3.4 행위자의 모틸리티와 시공간 속에서의 변화

2장에서 보았던 것처럼, 모틸리티는 공간적 이동과 사회적 변화의 관계가 갖는 여러 가능성들을 드러낸다. 이 다양한 가능성들은 통신·교통기술의 발전에 힘입어 지난 수십 년 동안 상당히 증가되었다. 그렇지만 결정론적인 방식으로 분석하는 것은 위험하다. 기술적 해결책이 존재한다고 해서 사람들이 꼭 이를 사용하는 것은 아니다. 다시 말해, 시공간적 실천에 대해 논의한다고 해서 우리가 반드시 그 실천에 대한 통찰력을 얻는 것은 아니다.

3.4.1 기술 시스템의 가능성

집에서 80킬로미터 떨어진 직장으로 매일 기차를 타고 출퇴근하는 사람도 정주형 주거 형태를 취하고 있다고 말할 수 있으나, 많이 이동하는 사람의 모틸리티는 모빌리티보다는 이동에 더 강하게 맞춰져 있다. 따라서 그는 교통 시스템과 그의 이동 시간을 다른 방식으로 활용할 수 있다. 어떤 회사(집단 행위자)를 예로 들어 보자. 이 회사의 발전 전략은 기존 제품의 시장을 확장하는 것으로, 이는 개발도상국의 자동차산업에서 전형적으로 나타나는 전략이다. 이 회사의 모틸리티도 이동으로 이루어져 있다. 제품을 바꾸기보다는 공간 수준에서 시장을 확대하는 것이다. 따라서 이 회사의 전략은 모빌리티가 아닌 이동이지만, 멀리 출퇴근하는 사람과 달리 다른 전략도

가능하므로 교통수단에 좌우되지 않는다.

기술 시스템 선택과 관련하여, 모빌리티를 지향하는 모틸리티의 예도 있다. 편리한 위치에 있는 여러 서비스와 시설을 즐기기 위해 도시에서 살기로 선택한 가족은 기본적으로 모빌리티를 지향하는 모틸리티를 지닌다. 마찬가지로, 제품 개선을 위해 기술을 사용하는 발전 전략을 지닌 회사도 모빌리티 지향적인 모틸리티를 갖추고 있다. 두 경우 모두 신속한 교통수단은 탈출의 수단이 아니라 근접성에 투자하는 방식으로서의 역할을 한다.

기술적 가능성을 활용하는 행위자들의 선택은 환경의 구성과 구조에 매우 중요하다. 공간 및 시간과 우리가 맺는 관계는 모틸리티가 어떻게 나타나고 어떻게 사용되는지를, 즉 연결성connectivity에 대한 태도와 가역성reversibility에 대한 느낌을 결정한다.

3.4.2 혼합 모델

통신과 교통수단이 어디서나 사용되면서 개인의 사회적 통합 방식이, 다시 말해 기술적 매개체를 통해 공간에서 '이동'할 수 있는 능력이 변화했다. 행위자들은 이 새로운 테크놀로지를 이해하고 제 것으로 만들어 활용하고 싶어 한다. 연결성의 증대는 공간과 시간의 차이를 기반으로 했던 사회적 통합이 '혼합' 모델로 전환한다는 것을 의미하며(Levy, 1999; Lussault, 2007), 일일 통근 거리의 증가와 그로 인한 생활 방식의 '군도화群島化archipelagization' 현상과 밀접한 관련이 있다(Larsen et al., 2005). 1960년대까지 현대사회는 사회적 공간(직장에서의 젠더적 구분, 개인의 정체성에 대한 사회적·직업적 범주의 중요성 등)과 물리적 공간(활동의 공간적 차별)에서 사람들이 수행할 기능이 분할되어 있다는 특징이 있었다. 역할을 바꾸면서 장소도 변화했다. 이 모델은 이제 거의 작동하지 않는다. 그 자리에는 더 많은 공간적·시간적 역할 중첩이 생겨났다(Larsen et al., 2005). 젠더 역할(여성이 해야 할 일, '집에만 틀어박혀 있는' 아빠 등)이 점점 사라지고 여가 시간의 이해와 사용 방식이 변화하면서, 공간 모빌리티의 증가 없이 수평축에서 사회적 모빌리티가 확대되었다. 사람들은 일상생활에서 활동 영역을 확장하고, 이 활동들의 속도를 증가시키기 위해 통신·교통기술을 이용한다. 예컨대 이제 집은 그저 가정이거나 가족만의 공간이 아니라, 여가를 보내고 업무를 수행하는 곳이다(가정용 컴퓨터와 인터넷의 역할이 컸다). 그 결과, 공적 영역과 사적 영역이 융합되고 자유 시간과 구속 받는 시간이 겹치게 되었다. 휴대폰 사용이 전면화된 시대에, 이 같은 활동 영역의 새로운 분할은 한 활동에 다른 활동의 개입이 빈번해진 결과이기도 하다.

활동 중첩의 좋은 예는 미국에서 낮에 아이들을 맡길 때 비디오 감시 카메라를 설치하는 것이다. 부모들은 인터넷으로 집이나 직장 어디에서든지 자녀들을 지켜볼 수 있다.

공간적으로 볼 때, 연결성은 근거리와 원거리 모두에서 확대되었다. 한편으로는 집에서 정보기술을 이용한다. 다른 한편으로는 매우 빠른 속도로 한 장소에서 다른 장소로 이동하게 되면서 공간의 군도화 현상이 일어난다.

3.4.3 가역성 연구

통신과 교통의 발달은 이동과 모빌리티의 관계를 역전시켰다. 연결
성 문제에서와 마찬가지로, 행위자들은 교통과 통신 기술을 이용하
여 이동과 통근이 사회생활에 미치는 영향을 최소화한다.

　불가역성을 갖는 이동(이주와 이사)이 이제는 가역성reversibility을 갖
는 이동(일상 모빌리티, 통근, 이동)으로 대체되고 있다. 근무지에서
멀리 떨어져 살지만 이사는 하고 싶지 않은 사람들(Schneider et al., 2002)
과 하루에 출퇴근하기에는 너무 먼 거리 때문에 여러 주거지를 갖는
사람들(Meissonnier, 2001)은 빠른 속도를 지닌 교통·통신 시스템을 이
용한다. 이 대안들은 공간적·시간적 제약을 돌파하게 한다. 이동
과 통근이 사회적 관계에 미치는 영향은 여전히 중요한 문제다. 이
주하는 대신에 이동과 통근을 선택하면 네트워크와 사회적 관계를
유지하기가 쉽다. 모빌리티 연구에서도 모빌리티 형태 자체의 역
전을 강조한다. 이제 그 어느 때보다 더 많은 사람들이 거리의 굴레
를 벗어나고 있으며, 이주한 사람들도 전화나 이메일로 가족과 친구
들과 연락할 수 있다(Kesselring, 2005). 따라서 이주는 더 이상 결정적인
단절이 아니며, 사람들은 현대 교통수단들의 속도 잠재력을 이용해
여행도 방문도 쉽게 할 수 있다. 이사를 해도 예전의 이웃들을 만나
고 예전의 생활 방식을 유지할 수 있기 때문에, 이사를 하지 않은 것

Dakar 2009 -Jérôme Chenal

과 크게 차이가 없을 때도 있다. 역전 현상은 통근 시간에도 일어난다. 요즘엔 통근 시간을 사회적 관계를 유지하는 시간이나 일하는 시간, 여가 활동을 위한 시간으로 사용하는 사람들이 많다.

연결성과 가역성이 어느 정도인지는 이동과 모빌리티 측면에서 모틸리티를 설명하는 것을 가능하게 한다. 아직 연구가 본격화되지는 않았지만, 이 주제에 대한 학술 연구들은 연결성과 가역성이 공간에 대한 고도로 차별화된 이동(혹은 모빌리티) 지향적 관계를 만들어 낸다는 것을 보여 준다.

3.4.4 사회적 네트워크 구성의 세 가지 논리

개인 층위에서 볼 때, 이러한 상황은 사회적 네트워크의 공간적 구성이 갖는 세 가지 논리를 마주하게 한다.

첫째는 사회적 포섭social inclusion의 논리다. 사회적 포섭은 개인이 사는 지역과 아주 긴밀한 것으로 여겨진다. 여기서 이동은 사회적 포섭에 미치는 영향을 가능한 한 최소화하려는 모빌리티와 밀접하며, 거주에서 정주성을 강화하고 '초장거리 통근'을 일상화하게 한다(Schneider et al., 2002, Meissonnier, 2001). 이때, 통근이나 이동 경험 자체가 만들어 내는 사회적 네트워크는 아주 미미하다. 그러므로 자신들의 이동이 사회적 포섭을 저해하지 않도록 행위자들이 애를 쓸 때, 연결성은 거리의 영향을 줄이고 모빌리티를 제한하는 역할을 한다.

둘째, 반복의 논리recursive logic는 이동이나 통근 경험이 집적되면서 행위자의 사회적 네트워크가 풍부해질 때를 가리킨다. 따라서 이 경우에 행위자의 사회적 애착에 일어나는 변화는 복합적이다. 먼 거리에도 불구하고 여러 복합적인 통신수단으로 연락을 유지함으로써, 모틸리티는 이동 과정에서 새로운 관계를 구축하고 유지하는 쪽에 맞춰진다(Kennedy, 2004; Kesselring, 2005). 반복 논리는 포섭 논리와 정반대다. 연결성과 가역성을 확장할 기회들은 (사람들이 자기의 사회적 네트워크를 발전시킬 수 있기 때문에) 이동 역량에도 도움이 되고, (이동이 사회적 관계의 변화와 직결되지 않으므로) 기존 관계를 유지하기 위한 이동에도 도움을 준다.

공간에서의 개별 이동이 사회적 네트워크의 공간적 재구성을 동반하고 오래된 네트워크는 점차 폐기하는 세 번째 논리도 있다. 여기서의 모틸리티는 개인이 한 장소를 완전히 떠나서 다른 곳에 뿌리를 내릴 수 있게 한다(Tarrius, 2001). 이 논리에서 선호하는 이동 형태는 주거 모빌리티와 이주, 다시 말해 불가역성을 지니는 형태다. 적절한 이동과 모빌리티가 이루어졌기 때문에 연결성과 가역성은 거부될 때가 많다. 이 논리에서 물리적 공간의 이동은 필연적으로 모틸리티다.

연결성과 가역성에 대한 태도와 관련하여, 우리는 어떤 모빌리티 유형을 선택하는 것이 반드시 최고의 선택은 아님을 유의할 필요가 있다. 선택할 수 있는 여유가 없을 때도 많다. 이 점을 기억하고 여기에 초점을 맞추면 우리는 서구 사회가 급진적으로 유동하고 있다고 주장하는 이론들에 맞설 수 있다. 그 이론들은 단순하며 포섭과 배제라는 이항대립에 기초한다(특히 바우만Bauman(2000)의 주장이 그러하다. 그는 더 큰 모빌리티를 지닌 지배자와 특정한 지역을 떠나지 못하는 피지배자를 비교했다).

3.4.5 행위의 물리적 축적

환경의 밀도와 다양성을 결정하는 모빌리티의 역할이 매우 중요하기 때문에, 서로 다른 모빌리티는 다른 종류의 도시와 도시성을 만들어 낼 수 있다. 우리는 이러한 다양한 형태의 모빌리티들이 해당 환경에 미치는 영향을 면밀하게 관찰해야 한다. 약한 모빌리티를 지닌 이동은 반反도시적인 것과, 강한 모빌리티를 지닌 이동은 아주 높은 도시성과 연결되곤 하지만, 근본적으로 어떤 이동으로 나타난 모빌리티의 정도는 주변 영토에 양면적인 영향을 끼친다.

사실, 강한 모빌리티를 지닌 이동 그리고 약한 모빌리티를 지닌 이동은 서로 배제하기보다는 연결되는 경향이 있다. 장거리 통근의 예를 다시 들면, 우리는 도시에서 계속 살아가기 위해 별다른 고민 없이 멀리 이동하거나 통근한다. 약한 모빌리티를 감수하면서도 도시가 주는 다양성, 풍요로움, '타자성'을 누리기 위해서이다.

또 다른 중요한 지점은, 환경이 모빌리티 프로젝트와 이동 모두를 다양한 수준으로 받아들이거나 거부한다는 사실이다. 어떤 지역에서 행위자들의 행위가 축적된 결과로 나타나는 물리적 산물은 중립적이지도, 텅 비어 있지도 않다.

3.5 변화를 불러오는 잠재적 수용력

특정 환경이 모틸리티를 얼마나 수용할 수 있는지는 그 환경을 구성하는 물리적 인공물과 큰 관련이 있다. 모든 행위는 어떤 맥락 하에서 이루어지며, 환경은 그 실현에 필요한 발판(기회)을 제공한다 [Gibson, 1979].

물리적 인공물은 계획과 욕구에 대한 환경의 수용력에 매우 중요하다. 더 근본적인 차원에서 볼 때, 물리적 인공물들은 계획의 출현과 규정에 영향을 미친다. 도시 형태(도시의 외관, 분위기, 생활 방식, 이용 방식, 물가 등)의 다양성은 의심할 여지 없이 환경의 수용 능력을 규정한다. 마찬가지로, 교통 시스템의 고유한 잠재력도 여행, 통근, 문화, 스포츠, 경제적 제도처럼 수용력을 규정한다.

특정 환경을 구성하는 물리적 인공물은 프로젝트의 존재만이 아니라 그 성격에도 영향을 미친다. 도시의 옛 공장 지대는 도시 재생 계획이 출현하게 한다. 차 없는 삶은 대중교통 서비스가 그런 생활 방식을 더 매력적이고 실행 가능하게 만들어 주기 때문에 가능하다. 지역에 사람들이 모일 수 있는 회관이 있다면 축제가 기획된다. 비슷한 예는 수없이 많다.

요약하자면, 모든 기획과 욕구들이 주어진 환경에서 실현의 발판을 찾을 수 있는 것은 아니다. 형태적 특성, 관련 법규, 접근성 등에 따라 어떤 프로젝트는 다른 것보다 환경에 더 잘 수용된다.

가능성의 장은 이동과 모빌리티 측면의 선택을 제한한다. 인프라와 교통 서비스 등으로 인해 이 가능성들은 지역마다 나라마다 다르다. 이동 기회라는 측면에서 도심지는 교외와 다르고, 서비스나 물자 차원에서 북반구의 나라들은 남반구와 다르다. 중요한 것은, 어떠한 맥락이든 다른 맥락들과 동일한 이동의 기회를 제공하지 않는다는 점이다. 직업시장, 레저 활동 등을 놓고 보아도, 지역에 따라, 대륙에 따라, 그리고 물론 요즘 들어 코스모폴리타니즘에 용해된 것으로 간주하는 경우가 늘어난 국가 차원에서도 크게 다르다. 영국의 런던과 케냐의 나이로비에 사는 것은 수입, 사회복지, 직업적 기회, 세계를 여행할 권리 등 많은 면에서 근본적인 차이가 있다.

더욱이, 맥락의 개방적이고 다원적인 성격은 그 자체로 맥락화된다. 일부 유럽 국가에서는(마르크 비엘Marc Wiel의 주택단지 분석(1999)에 따르면 프랑스의 일부 도시들에서는), 도시는 다른 유형의 도시화에 따라 개발되어 기회와 제약 차원에서 다른 시스템을 생산하고 있다. 예를 들어, 도심과 가까운 타운하우스에서 살기를 원하는 가족은 비슷하게 생긴 집들이 연이어 늘어서 있고 한쪽 벽면이 옆집과 붙어 있는 주택들이 많은 영국에서는 별다른 어려움 없이 집을 구할 수 있다. 그러나 이 가족이 단독주택에서 살고 싶어 한다면, 프랑스와 달리 그런 종류의 집이 드문 영국에서는 집을 찾기 힘들 것이다. 자동차에 관해서도 비슷한 이야기를 할 수 있다. 대중교통망이 효율적이고 공간과 시간 면에서 인구집중지역들을 시공간적으로 적절하게 연결해 주는 스위스에는, 프랑스에서보다 자동차 없이 살기가 쉽다.

도시의 존재와 그 역학에서 도시의 수용력과 인공물들이 갖는 중요성을 강조한다고 해서, 개인과 집단의 행위가 예상치 못한 결과를 초래한다는 사실을 간과해는 안 된다.

행위가 환경에 미치는 영향이 하나로 귀결되는 경우는 거의 없다. 특정 층위에서 수행된 행위는 다른 행위로, 다른 층위로 이어진다. 영토적 역학은 모틸리티를 통해 개념화되고 현실화된 개인 및 집단 행위의 전체적인 효과를 낳는다. 따라서 어떤 환경은 인간 행위에 기반한 변이와 재구성을 거치는, 지속적 흐름의 역동적 총체라고 할 수 있다. 새로운 행위에 대한 환경의 수용력에 영향을 주는 이 변화는 행위자의 계획과 욕구가 생겨나게 만든다. 모틸리티와 수용력의 만남이 낳는 다양한 형태들은 네 가지 영토적 차원(주거, 사회, 기능, 상업 공간)으로 나타나며, 이 형태들은 도시 영토 역학의 핵심이다.

3.6 행위자와 환경의 만남

이제 모틸리티와 수용력의 만남이 어떻게 일어나는지를 살펴볼 차례다.

사회과학은 스케일에 따라 개인the personal, 상호관계the interpersonal, 집단the collective이라는 세 가지 층위의 분석을 구별한다. 오랫동안 분석은 미시적micro 층위와 거시적macro 층위로 개념화되었으나, 이 이

분법은 재검토될 필요가 있다. 우리가 이 책에서 다루는 바로 그 층위, 즉 중간meso 혹은 매개적 층위를 억누르기 때문이다. 각각의 층위가 다른 두 층위의 일부를 포함하므로 이 층위들은 서로 연결되어 있다는 점이 중요하다. 이 세 가지 행위 층위는 사회를 파악하는 세 가지 방식이며, 각각 인간 경험의 환원 불가능한 층위를 압축하고 있다. 사회는 개인과 집단 층위의 상호작용과 여기서 마련된 행위의 틀에서 비롯된다.

행위자에게, 인간 경험의 세 층위를 연결짓는 것은 아주 미묘한 작업이다. 권력투쟁과 지배를 낳는 특수한 기술을 요구하기 때문이다. 이는 앞에서 이야기한 네 개의 영토적 차원(주거, 사회, 기능, 상업 공간)을 배치하는 것으로 구성된다. 서로 다른 이동 속도라는 특징이 있는 현대사회에서, 행위자들은 이 중요한 연결 작업을 지속적으로 실행해야 한다.

집에서 멀리 떨어진 곳에 취업하려는 구직자는 자신의 개인적인 상황과 상관없이 원거리 통근을 가능하게 할 수단을 마련해야 한다(스위스에서는 이를 보장하도록 법으로 규정되어 있다). 현지 직원들이 새 소프트웨어에 익숙해지도록 3개월 동안 도쿄에 파견된 직원은 회사의 관점에서 볼 때 자신의 사생활이 주는 제약(이를테면 아이가 있거나 파트너도 직장을 다닐 때)에도 불구하고 이 요구를 받아들여야 한다. 공동 양육을 약속하고 이혼한 부부는 각자의 개인적인 목표와 상충되더라도 양육에 적합한 주거지를 마련해야 한다. 도시에 살고 싶어 하는 가족은 부동산시장의 메커니즘을 우회하는 주거 해결책을 찾아야 한다. 이 모든 경우에서 모틸리티와, 모틸리티가 이동이나 모빌리티로 바뀌는 방식은 제한된 선택지 속에서 인간 경험의 세 가지 층위가 불일치할 때 발생하는 문제와 긴장을 해결하는 것을 목표로 삼는다. 여기서의 여러 긴장들은 환경이 지닌 수용력을 드러낸다.[4]

세 가지 층위를 연결하면 이 긴장을 해소할 몇 가지 전략이 나타난다.

첫째, 갈등이 체념으로 이어지는 경우다. 이 첫 번째 시나리오에서 행위자들은 주거, 기능, 사회, 상업이라는 네 개의 영토적 차원을 아무리 달리 배치해도 자신들의 계획이 실현되기 어렵다는 사실을 깨닫는다. 따라서 행위자들은 진퇴양난에서 벗어나기 위해 목표치를 낮춰야 한다. 어느 공장이 프랑스 동부의 작은 마을로 이전했을 때의 모빌리티 배치에 관한 세실 비날Cécile Vignal의 연구는 이를 잘 보여 준다(Vignal, 2005). 어떤 사람들은 해당 지역에 집을 따로 구하거나 장거리 통근을 택하여 쉽게 상황에 적응했지만, 어떤 사람들은 원래의 지역에서 맺던 관계들을 유지하기 위해 직장을 그만두었고, 또 어떤 이들은 반대로 직장을 계속 다니기 위해 이혼하기도 했다.

---

[4] 개인, 관계, 집단이라는 서로 다른 층위들 사이의 긴장과, 각 층위들 내부에서 발생하는 긴장을 구별할 필요가 있다. 엄밀히 말하면, 후자는 여기서 우리의 관심사가 아니다. 개인적 갈등은 인지적 갈등에서 비롯되며, 극단적인 경우에 자살로 이어진다. 상호관계에서 발생하는 갈등은 법적 해결이 필요한 대립으로 이어진다. 사회적 갈등은 정치적 대립과 관련되어 있으며, 법과 제도로 해결되거나 극단적인 경우, 전쟁으로 귀결된다.

이 사례들에서, 영토적 차원들의 조절을 거부하는 것 자체가 체념의 한 형태라고 할 수 있다.

둘째, 어떤 틀이 생기면 순응이 가능하다. 사회적 가치가 있고 사람들이 선호하는 네 영토 차원의 배열은, 어떤 결정을 내려야 할 때 그 틀이 된다. 어떤 사회가 성공의 기준으로 간주하는 '좋은 삶'이 제시될 때, 이 두 번째 전략에 입각한 과정이 흔히 진행된다. 예컨대 단독주택의 소유야말로 '좋은 삶'의 상징이다. 단독주택을 구해서 입주하는 것은 부동산시장에서 장려되는 일이며, 주거 공간과 사회 공간 차원에서 '가족적 가치'를 보여 주는 전형으로서 사회적인 존중을 받는 일이다. 실제로 많은 가정들은 각자의 욕망 때문이라기보다는 '가족적 가치'를 지키기 위해 그런 결정을 내린다(Kaufmann et al., 2001).

셋째, 혁신으로 이어지는 대안 프로젝트도 있다. 이 세 번째 경우에는, 네 가지 차원의 배열이 갖는 한계를 넘어 아예 그 배열을 거부해 버린다. 새로운 전략이나 배열을 찾느라 들인 시간과 에너지가 혁신으로 전환되는 경우도 많다. 쉽게 실현되지 않는 주거 욕구로 인한 분노가 그 좋은 예라고 할 수 있다. 제네바의 집단적 주거점유운동(1990년대에 신탁계약에 근거한 주택 민영화가 지방정부들의 승인 아래 진행되자, 이에 저항하려는 움직임에서 비롯된 선구적 운동)의 맥락도 비슷하다. 이 운동은 2000년대 들어 새로운 형태의 집단생활을 낳았다(Pattaroni, 2006).

개인과 집단 행위자의 만족도를 좌우하는 네 차원의 여러 가지 배열은 그들이 처한 역학 관계에서 중요한 역할을 한다(Schneider et al., 2002; Hofmeister, 2005).

3.7 잠정적인 도시 정의

앞의 논의에 근거하여, 도시에 대한 잠정적 정의를 시도해 보자.

우리는 행위자들이 주어진 의무와 제약 조건을 고려하면서, 각자의 모틸리티를 이용하여 계획의 틀을 만든다는 생각에서 출발했다. 행위자들의 모틸리티는 그들의 욕구를 기반으로 구축된 네 개의 영토적 차원의 배치와, 이 욕구를 받아들여야 할 수용력 사이에서 구체화된다. 우리는 행위와 맥락 사이의 연결 고리에 대한 역동적이고 다원적인 관점을 강조한다.

또 중요한 것은, 어떤 환경의 실체 및 역학과 관련하여, 모든 환경은 다양하게 변화하는 계획과 욕구에 대한 수용 능력이라는 측면에서 가능성의 장을 제공하며, 이는 도시 형태 및 그 형태를 구성하는 인공물(특히 법적·절차적·제도적 시스템)과 불가분하게 연결된다는 점이다.

상호참조적이고 역학적인 방식으로 도시를 바라봄으로써, 다양성과 밀도의 만남이라는 도식적이고 일반적인 도시 정의를 이렇게 확장할 수 있다. "다양성과 밀도라는 특징을 갖는 도시는, 과거 행위자들의 모틸리티를 구체화하고, 현재의 모틸리티에 대한 수용 능력을 규정한다."

또한, 도시에서 가능성의 장은 계획의 실현이라는 측면에서 행위자들이 직면하는 긴장과 타협에 근거하여 측정된다. 도시는 행위자들이 계속 창출하는 계획과 욕구라는 측면에서 넓은 가능성의 장을 제공한다. 도시의 사회적 환경, 도시 형태, 경제적 역학 관계의 다양성 때문에, 도시는 매우 대조적인 형태의 프로젝트들이 실현될 수 있는 곳이다. 계획들의 다양성이 도시를 정의하기 때문이다.

도시는 다른 종류의 공간들이 서로 다른 방식으로 뒤섞이는 곳이다. 편의시설들 가까이에 사는 것도, 복잡한 생활 방식을 유지하는 일도, 직접적인 교류도 가능하다. 많은 장소들이 각기 다른 수많은 가능성을 제공하지만, 도시가 지닌 이점은 그 가능성들을 결합할 방법을 무한히 제공한다는 것이다.

우리는 이 잠정적 정의를 좀 더 면밀히 검토한 후, 다음 장에서 실증적 자료를 통해 이를 점검해 볼 것이다. 이는 이 책의 나머지 논의에서 중심축 역할을 할 것이다.

4장

도시를 형성하는
개인 모틸리티

Lyon 2011-Fanny Steib

4.1 서론

이 장에서 우리는 개인들의 모틸리티와, 특정 환경에서 그 모틸리티가 마주하는 수용력 사이의 관계를 살펴볼 것이다. 모틸리티가 언제, 어디서, 어떻게 주거 선택과 생활양식으로 귀결되는지, 그리고 그에 따라 도시와 지역을 어떻게 형성하고 어떤 역학 관계를 낳는지를 밝혀내는 것이 이 장의 목표다.

이론적 반성과 실증적 결과 사이의 긴장 관계를 중심으로 하는 이 책의 접근 방식을 유지하면서, 개인의 모틸리티가 갖는 기회(그리고 한계)를 살펴봄으로써 모틸리티와 수용력의 관계를 탐구해 볼 예정이다. 핵심 질문은 세 가지다. 도시를 도시답게 하는 데에(즉, 도시성의 강화에) 기여하는 모틸리티의 특징은 무엇인가? 환경의 수용력과 관련하여, 도시성을 지향하는 모틸리티를 방해하거나 지지하는 요인은 무엇인가? 어떤 요소가 도시 형성적인 모틸리티를 수용하는 환경을 규정하는가?

이러한 질문에 답하고자 우리는 주거 및 생활 방식의 선택과, 개인이 자신의 일상이 기반하는 공간을 '살아가는' 방식 간의 관계에 초점을 맞출 것이다.

장 이브 오티에Jean-Yves Authier와 장 피에르 레비Jean-Pierre Lévy(2002)에 따르면, "동네에 대한 애착과 도시 모빌리티는 도시에서 살아가는 전혀 다른 방법처럼 보이지만, 사실은 밀접한 관련이 있다."

그러나 일상 모빌리티와 주거 선택 역학에 대한 기존 분석들은 서로를 무시하는 연구 전통에 여전히 갇혀 있다. 양적·질적 실증 데이터에 기초한 다섯 가지 분석은 위의 세 질문에 대한 답을 제시해 줄 것이다. 첫 번째는 2007년에 수행된 14개 국제 도시(알렉산드리아, 베를린, 시카고, 런던, 로스앤젤레스, 리옹, 멕시코시티, 뉴욕, 파리, 베이징, 프라하, 상하이, 시드니, 도쿄)의 생활 방식에 대한 연구이다. 베른과 로잔에서의 주거 선택에 관한 두 번째 연구는 관찰 결과와 양적·질적 자료를 제공한다(Pattaroni et al., 2009). 세 번째는 벨기에, 스위스, 프랑스의 장거리 및 주간 통근자에 대한 질적 조사이다(Jolly et al., 2006; Vincent et al., 2010). 네 번째는 파리 통근 허브에서의 시간과 공간의 관계에 대한 질적 인터뷰이다(Kaufmann et al., 2009). 마지막은, 파리, 리옹, 스트라스부르, 엑상프로방스의 도시화·쇠퇴·젠트리피케이션에 대한 두 가지 양적 조사 결과다(Kaufmann et al., 2001; Pattaroni et al., 2011).

기본적인 원칙은 단순하다. 앞서 이야기한 이론적 접근법의 발견술적heuristic 미덕을 시험해 보면서, 우리가 발견한 사실들과 대조해 볼 생각이다. 이 책의 도입부는 실용적인 도시 연구가 이론화와 실증적 연구 사이의 분리를 극복해야 한다고 강조했다. 4장과 이어지는 5, 6장에서는 이 목표를 실질적으로 달성할 수 있도록 노력할 것이다. 즉, '도시철학'으로만 기울지 않아야 하고, 도시에서 진행 중인 의미 있는 변화를 포괄적인 목표 없이 그저 묘사하기만 하는 일도 없어야 한다는 뜻이다.

4장을 이끄는 기본적인 축은, 앞에서 제기했던 질문에 답하려는 시도다. 실증적 연구에서 도출된 다섯 가지 관찰을 이용하여 이를 진행할 것이다. 먼저 각 관찰을 차례로 제시하고 2, 3장에서 윤곽을 잡은 모빌리티 및 도시 이론을 배경 삼아 이 관찰들을 논의한다.

4.2 다섯 가지 실증적 관찰

4.2.1 도시는 모빌리티를 제공하여 찬양 받지만, 행위자가 적응하기 불가능한 통근 시간 때문에 비판 받는다

많은 도시 주민들은 도시에서가 아니면 얻지 못할 것들을 도시가 제공한다고 말한다. 도시는 밀도 높고 다양한 공간이며, (우리와 다르고, 일반적으로 볼 때 다르다는 두 가지 모두의 의미에서) '타자성'을 만나게 해 주는 공간이다. 도시는 직업을 가질 기회를 제공하고, 도시의 한계를 벗어나지 않으면서 이동하게 해 준다.

익명성 덕분에, 우리는 도시에서 다른 사람이 되거나 삶을 바꿀 수 있다. 쉽게 말해, 도시는 우리에게 모빌리티를 제공한다. 14개 도시의 각기 다른 생활 방식에서도 이 지점은 명확하게 드러난다. 도시 생활에서 모빌리티의 기회는 무엇보다도 중요하다. 어느 도시에 살든지 간에, 조사 대상자들 대부분은 도시가 제공하는 모빌리티를 높이 평가했다. 시드니에 사는 어떤 사람은 이렇게 주장했다. "도시에서는 지금 벌어지고 있는 어떤 움직임과 멀리 떨어져 있을 때가 없어요."

도시를 좋아하는 이유로 조사 대상자들이 가장 많이 든 여섯 가지는 도시가 제공하는 모빌리티 및 접근성과 관계가 있었다. 쉽게 돌아다닐 수 있다는 점이 1위를 차지했고 레저 활동, 문화적 창조성, 밖에 나갈 기회(즉, 파티) 및 경제적 역동성 등이 그 뒤를 이었다(그림 4.1). 쉽게 나다닐 수 있다는 것은 14개 도시 중 8개 도시에서 사람들이 도시를 사랑하는 가장 큰 이유였다. 베를린에서는 약간의 차이로 문화와 스포츠 활동이 1위였다. 프라하에서는 건축 환경, 레저 활동, 경제적 역동성 순서였다. 베이징과 상하이에서는 주민들이 가장 중시하는 것이 경제적 역동성이었고, 시드니에서는 여가 활동과 문화의 다양성이었다. 알렉산드리아는 파티가 1위였다(여기서는 쉽게 돌아다닐 수 있다는 것이 10위에 불과했다). 그러나 대체적으로, 쉽게 주변을 오갈 수 있다는 점은 모든 도시에서 크게 환영 받았다.

같은 조사에서, 도시 생활을 싫어하는 이유 중 1위는 교통체증이었고, 그 다음이 공해와 소음이었다. 대중교통 문제는 8위에 그쳤지만, 교통 문제에 강한 반감을 드러내는 것은 어떤 면에서 대중교통 시스템의 실패나 부적절함을 반영한다(그림 4.2). 런던(공해와 공공서비스의 관리 부실)과 베를린(불결과 공공서비스의 관리 부실), 파리와 리옹(공해), 멕시코(안전)을 제외하면, 14개 도시 중 9개 도시에서 1위는 교통체증이었다.

[그림 4.1] 도시를 좋아하는 이유

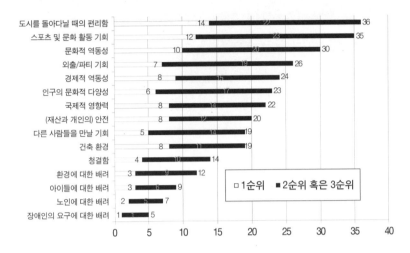

	1순위	2순위 혹은 3순위	합계
도시를 돌아다닐 때의 편리함	14	22	36
스포츠 및 문화 활동 기회	12	23	35
문화적 역동성	10	20	30
외출/파티 기회	7	19	26
경제적 역동성	8	15	24
인구의 문화적 다양성	6	17	23
국제적 영향력	8	14	22
(재산과 개인의) 안전	8	12	20
다른 사람들을 만날 기회	5	14	19
건축 환경	8	11	19
청결함	4	10	14
환경에 대한 배려	3	9	12
아이들에 대한 배려	3	6	9
노인에 대한 배려	2	5	7
장애인의 요구에 대한 배려	1		5

출처: IPSOS Survey/Observatory of urban lifestyles, 2007 (Damon, 2009).

[그림 4.2] 도시를 싫어하는 이유

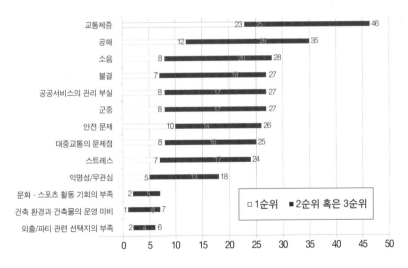

	1순위	2순위 혹은 3순위	합계
교통체증	23	25	46
공해	12	25	35
소음	8	20	28
불결	7	19	27
공공서비스의 관리 부실	8	17	27
군중	8	17	27
안전 문제	10	14	26
대중교통의 문제점	8	16	25
스트레스	7	17	24
익명성/무관심	5	14	18
문화·스포츠 활동 기회의 부족	2		7
건축 환경과 건축물의 운영 미비	1	6	7
외출/파티 관련 선택지의 부족	2	4	6

출처: IPSOS Survey/Observatory of urban lifestyles, 2007 (Damon, 2009).

도시를 좋아하는 이유는 모빌리티와 강력하게 연결되어 있고, 도시를 싫어하는 이유 역시 통근이나 이동과 관련이 있다. 일종의 역설일까? 아니면 모순일까? 사람들은 모호하고 불분명한 태도를 보인다. 우리는 모빌리티에 관련된 불평등이라는 차원에서 이 문제를 생각해 볼 수 있다. 교통체증의 영향을 가장 많이 받는 사람들은 이를 도시에서 가장 싫어하는 요인으로 꼽았지만, 그 영향을 덜 받는 사람들은 반대로 이동의 자유라는 측면에서 교통을 칭찬했다. 여기서 우리는 모빌리티와 이동을 구분하는 일이 왜 중요한지를 깨달을 수 있다. 우리가 살펴본 14개 도시에서는 자동차나 대중교통으로 통근하는 것이 불리한 조건으로 간주된다. 개인들이 도시의 잠재적 모빌리티 이용을 사실상 제한 받는 상황에 놓이기 때문이다. 도시에서 차로 움직이면 어디에 가고 어디에서 멈출지를 선택하기가 어렵고, 버스로 통근하면 특정한 경로로만 다녀야 한다. 게다가, 버스에서처럼 어떤 불편한 환경에 놓이면 우리의 활동은 더욱 제한된다. 시야가 좁아지는 터널 효과tunnel effect도 그중 하나다. 이런 불편함은 특히 통근 시간이 늘어나면서 더 곤란한 문제가 되었다.

4.2.2 모빌리티 이외에도 도시에 사는 사람들이 추구하는 삶의 질은 다양하며, 이는 주거 생활 방식에도 나타난다

다양한 삶의 질

모빌리티 선택은 환경의 수용력을 결정하는 요소이자, 도시와 영토가 갖는 근본적인 질적 측면이다. 첫 번째 관찰에서 이동과 모빌리티의 구별이 실증적으로 어떻게 나타나는지를 확인하기는 했지만, 모빌리티의 추구가 전반적인 이동으로 이어지는지, 생활 방식을 다양하게 만드는지는 확실하지 않았다. 베른과 로잔에 거주하는 가구들의 주거 선택에 대한 질적 양적 자료에 의거해 이 문제를 살펴보자.

주거 선택과 생활 방식의 관계를 놓고 볼 때, 주거지 선택을 일상생활에서 분리하는 것은 우리의 이해에 도움이 되지 않는다. 본질적으로, 주거지 선택은 특정한 방식으로 수용될 환경을 찾는 일이다. 해당 맥락이 제공하는 이동과 모빌리티의 기회는, 본인의 모틸리티가 거기에 들어맞는 개인들을 불러 모은다. 환경과 모틸리티의 관계를 이해하려면 '주거 생활 방식residential lifestyles'이라는 개념을 이용할 필요가 있다(Pattaroni et al. 2009). 주거 생활 방식이란 시공간에 구조화되어 개인의 삶에 의미를 부여하는 모든 활동과 경험의 합을 의미한다. 여기서 가장 중요한 것은, 단 하나의 '삶의 질'이 존재하는 것이 아니라, 다른 가정 및 개인들의 다양한 욕구와 생활 방식에 내재된 삶의 질'들'이 존재한다는 것이다.

우리는 베른과 로잔에서 이 질문들을 탐사해 보았다. 두 도시는 비슷한 크기로 해당 지역의 핵심부에 위치하지만, 건물들의 밀도와 편의시설 및 교통 접근성 면에서 큰 차이가 있다. 베른은 교외 지역까지 철도 인프라가 잘 갖춰져 있는 밀집성 높은 도시다. 하지만 로잔은 밀집성이 낮으며, 이 도시에 접근하려면 대부분 자동차를 이용해야 한다.

주거 생활 방식의 일곱 가지 유형

조사 결과, 일곱 가지 유형의 주거 생활 방식을 파악할 수 있었다. 이 조사의 주요 목표는 생활 방식의 여러 요소들이 어떻게 하나의 체계를 구성하고 주거 선택에 영향을 미치는지를 더 잘 이해하는 것이었다. 우리는 밀도, 안전, 사회적 네트워크, 사회적 지위, 안정감, 공존이라는 주거의 여섯 가지 선호 요인을 조합해 분류 체계를 만들었다. 이에 따라 일상생활 조직, 사회관계망 구축, 주거 위치 선호도 등 서로 뚜렷하게 구분되는 방식들을 혼합해 7가지 유형을 만들었으며, 각 유형은 다른 유형과 변별되는 특정한 '주거 생활 방식'을 가리킨다.

① **도시 거주자 유형** 이 첫 번째 유형은 도시 환경을 선호하는 생활 방식을 지닌 사람들을 뜻한다. 편안한 모빌리티, 직장과 가까운 곳에 사는 것, 사회적 다양성, 지역사회, 때론 도심지의 오래된 건물에 사는 것 등에 높은 가치를 두는 이 사람들은 대중교통이 충분하고 편의시설과 가깝고 여러 부류의 사람들이 뒤섞인 밀도 높은 환경을 선호한다.

② **공동체주의자 유형** 이 유형은 주변 환경을 중시한다. 하지만 실제 물질적인 환경보다는 긴밀한 관계를 맺는 이웃들과의 공동체에 더 애착을 갖는다. 이들에게는 가족 및 친구와 밀접한 공존 관계를 갖는 것이 매우 중요하다.

③ **부르주아 유형** 이 유형은 개인주의적이고 보수적이며 지역사회에

특별히 관여하지 않는다. 이웃과 시간을 보내는 일이 거의 없고, 가족이나 친구들과도 가까이 살려고 하지 않는다. 그들이 추구하는 것은 무엇보다 평판 좋고 안전한 동네의 우아한 집이다.

④ **불만족 유형** 이 유형은 주거 선택에 수동적이며, 딱히 특별한 선택 기준을 내세우지 않는다. 주거 위치와 가정에 가장 만족하지 못하는 유형이다.

⑤ **개인주의적 유형** 이 유형은 주거지나 주거지에서 맺는 사회적 관계에 큰 애착을 보이지 않지만, 보수적인 유형과 달리 동네에 대한 평판이나 안전에도 크게 관심이 없다. 대신에 이들은 지역사회를 중시하고, 쇼핑하거나 저녁에 외출할 때 동네로 나가 시간을 보낸다. 이들은 실용적이고, 대중교통이 잘 정비되고, 다양한 문화에 쉽게 접근할 수 있는 장소를 찾는다.

⑥ **자연 회귀 유형** 이 유형은 시골의 생활 방식에 가깝다. 자동차는 필수품이고 사회적 유대감을 중시한다. 평화, 조용함, 자연을 중시하기 때문에, 주로 젊은 가족 구성원들이 많은 이 유형의 사람들은 대개 도시 바깥에 거주하며, 감정적인 유대감이 강하고 가족이나 친구들 근처의 지역사회에서 산다.

⑦ **평온 추구 유형** 이 유형은 평온을 중요시하며 조용하고 편안한 (되도록이면 단독주택인) 집을 찾고, 주로 자동차로 일상 활동을 한다. 이들의 사회적 네트워크는 나라 전체와 그 너머까지 퍼져 있으므로, 거주지에는 강한 사회적 유대 관계가 없으며 지역사회에도 별다른 관여를 하지 않는다.

이 생활 방식들은 모든 가정이 같은 방식으로 환경을 '이용'하지 않는다는 것을 보여 준다. 주어진 주거 선택 기준을 어떻게 평가하는지에 따라 나뉜 유형들은 실천상의 차이를 만든다.

도시 거주자 유형과 개인주의적 유형은 대중교통을 이용할 때가 많고, 다른 유형보다 차량을 소유할 가능성이 적다. 그들은 도시의 한쪽 끝에서 다른 끝으로 가로지르기보다는, 걸어서 다닐 수 있는 지역적 규모로 삶과 스케줄을 정리하려고 한다. 당연히 기차역, 대중교통 서비스, 편의시설 등과의 근접성(다시 말해, 밀도)은 중요한 선택 기준이다. 이와 대조적으로, 부르주아 유형, 자연 회귀 유형, 평온 추구 유형처럼 자동차를 많이 사용하는 유형에 속하는 사람들은 대중교통 서비스나 기차역과의 거리가 그다지 중요하지 않다.

특정한 교통수단을 중심으로 형성된 생활 방식이 주거 위치 선택 기준의 조건이라는 점을 여기서 다시 한 번 강조한다.

또한, 주거 생활 방식 유형들은 자동차 사용과 관련된 다양한 소비 패턴과 관련이 있다. 자동차를 가장 적게 이용한 유형은 도시 거주자 유형이었고, 그 다음이 공동체주의자 유형이었다. 반대편의 평온 추구 유형과 자연 회귀 유형은 도시 거주자 유형보다 거의 세 배에 가깝게 자주 자동차를 이용했다. 특히 평온 추구 유형과 자연 회귀 유형이 자동차 이동의 90퍼센트를 차지했다. 인터뷰에 참여한 사람들이 모두 같은 맥락, 즉 같은 도시 지역에 거주한다는 점을 고려할 때, 이 차이는 가볍지 않다. 또 주목할 만한 대목은, 어떤 유형에 속하든 자동차로 이동한 거리 전체를 따져 보면 베른이 로잔의 3

분의 2 정도에 불과했다는 점이다.

이 사실들은 무엇보다도 주거 생활 방식의 다양성이 매우 높다는 사실을 보여 준다. 조사를 통해 삶의 질이라는 측면에서 서로 다른 기대치들을 관찰할 수 있었다. 물론 도시 생활이 가진 매력은 모빌리티에 대한 탐구만으로는 파악할 수 없다. 조사에 응한 여러 가족들은 실용적인 이유로 도시에서 살기로 선택한 경우가 많았다.

모빌리티와 생활 방식

벨기에, 프랑스, 스위스의 장거리 통근자와 매주 통근자에 대한 질적인 연구는 문제를 더 깊게 들여다보게 해 준다. 주거 생활 방식은 근본적으로 모틸리티 배후에 있는 동기나 이유에 따라 달라졌다.

우리는 장거리 및 매주 통근자들의 모빌리티 계획과 욕구를 분석하면서 이 점에 초점을 맞췄다.

지역에서의 사회관계 때문에 동네에 애착이 있는 응답자들은 장거리 통근을 택할 때가 많았다. 예를 들어, 소냐의 회사는 본사를 바젤에서 베른 교외로 옮겼다. 그녀는 갑자기, 본인은 원하지 않았는데 장거리 통근자가 되었다. "저는 원래 바젤 출신이에요. 평생 바젤에서 살았어요. 제 친구들도 다 여기 있죠. 그래서 직장과 가까운 곳으로 이사하는 일은 상상도 할 수 없었어요."(소냐)

이런 애착은 집, 동네, 도시와의 강한 유대 관계에서도 나타날 수 있다. 예를 들어, 크리스틴은 자기 집에 큰 애착을 품고 있다. 자기 손으로 개조한 농장이다. 그녀는 장거리 통근을 이렇게 합리화했다. "원래는 전형적인 스위스 시골 농가였는데, 제가 직접 집을 완전히 뜯어 고쳤어요. 하루에 두 시간씩 출퇴근을 해도 여기서 계속 살고 싶어요."(크리스틴)

알렉산드르는 제네바의 어느 동네를 사랑한다. "저는 제가 자란 동네에 큰 애착이 있어요. 몇 년 전에 이사해서 친구는 많지 않지만, 수많은 추억들이 있습니다."(알렉산드르)

장거리 통근자들은 뛰어난 모빌리티를 지닌 사람들이라기보다는, 특수하고 지역적인 사회적·공간적 유대 관계가 있으며 거기서 떠나고 싶어 하지 않는 사람들이다. 이사가 필수가 아니라면 이들은 먼 거리의 직장도 받아들인다. 고속 교통수단은 정주적인 삶을 가능하게 해 준다. 이는 결국에는 이들이 이동을 가역적인 현상으로 경험한다는 것을 의미한다. 이들은 많이 이동하지만 이동적이지 않다.

반대로, 매주 통근은 타자성, 알지 못하는 것과 마주하려고 하는 욕망의 증거일지 모른다. 우리는 매일 장거리 통근을 하는 이들의 모빌리티를 '도시의 건설'에 기여하지 않는 것으로, 매주 장거리 통근자의 모빌리티를 도시 건설에 기여하는 것으로 생각할 수 있다.

현실적인 고려 사항들은 도시에 살기로 결정하는 강력한 동기를 제공한다.

마지막으로, 우리의 연구는 두 가지 유형의 사람들이 갖는 차이를 밝혀 준다. 한편으로는 (도시에서 전형적인) 역할 변경을 통해 일상의 삶에서 모빌리티 기회를 찾고 다른 사람들과 섞이고 다른 시각을 받

아들이면서 그러한 선택을 강화하는 사람들이 있고, 다른 한편으로
는 안정성과 반복적 일상을 추구하면서 많은 편리를 제공하는 도심
거주지역을 선택하여 결국에는 거의 변화 없이 낮은 모빌리티를 갖
게 되는 사람들이 있다.

4.2.3 일상의 공공장소에서 사람들의 모빌리티는 이용 가능한 서비스와 편의시설의 다양성뿐만 아니라 사용의 편리함에 따라 달라진다. 사람들은 편안한 공간에서 모빌리티 기회를 창출할 수 있다.

이동 시간을 줄일 것인가, 편안함을 추구할 것인가?

우리가 일상생활에서 마주치는 공간은 어떤 도약을 위한 잠재적인
발판일 수도, 크든 작든 서로 만나 여러 활동을 하는 장소일 수도,
나와는 다른 관점을 음미하게 하는 곳일 수도 있다. 출퇴근 시간을
자신만의 고유한 특성을 가진 진정한 경험으로 전환하여 통합하는
방법을 배우면, A지점에서 B지점으로의 통근이 효율적인 일정을 방
해하는 제약으로 작용하지 않는다. 일단 이 기술을 익히고 나면 (즉,
이동을 모빌리티로 전환하면) 더 이상 이동 시간을 줄이려고 애쓸 필
요가 없다.

　모빌리티에 대한 많은 연구 결과, 유럽 및 북미 도시의 개인들은
하루 평균 이동 횟수와 이동 시간이 늘어났다.[1] 1970년대 말에 발표

---

[1] 2000년대 이후, 이동 시간 비용travel time budget(TTB)의 증가는 국제적으로 큰 화제가 되

된 유명한 자하비 추론을 뒤집는 통계였다. 이를 정식화한 경제학자의 이름을 딴 '자하비 추론'에 따르면, 도시 지역에 사는 사람들의 통근 시간은 일정하게 유지된다. 이동 거리의 증가는 이동 속도의 증가로 보충되며, 집-직장 간 이동 시간은 불변성을 가진다(도시의 크기에 따라 하루에 60분에서 90분 정도).

 거의 법칙으로 받아들여졌던 이 분석이 오늘날에는 의문시된다. 일상 이동 거리가 계속 증가했을뿐더러, 무엇보다 이동 시간이 늘어났기 때문이다. 예를 들어, 덴마크에서는 일일 이동 시간이 1975년에 56.6분이었으나 2000년에는 72분으로 증가했다. 비슷한 현상이 벨기에, 독일, 네덜란드, 스위스와 많은 미국 도시에서 관찰되었다.[2]

이동 시간 비용의 증가 문제

이동 시간 비용의 증가는 일상생활에서 이동과 통근의 중요성이 점점 증가했음을 보여 주지만, 그 밖의 부수적인 현상들과도 관련이

었다. 이 주제에 대한 자세한 내용은 다음 문헌들을 참고할 것. Patricia Mokhtarian and Cynthia Chen's "TTB or not TTB, that is the question: a review and analysis of the empirical literature on travel time (and money) budgets," *Transportation Research Part A*, vol. 38/9–19, 2004, pp. 643–675. Bert Van Wee, Piet Rietveld and Henk Meurs's "Is average daily time expenditure constant? In search of explanations for an increase in average travel time," *Journal of Transport Geography*, vol. 14, 2006, pp. 109–122.

[2] 프랑스에서는 TTB가 계속 일정하게 나타나는데, 이는 도시 주거지역에서 외곽 지역으로의 이동과 도시 외곽 지역에서만 이루어지는 이동을 고려하지 않았기 때문이다. TTB는 도시 거주지역 내에 거주하는 응답자만 계산하면 대부분의 서구 국가에서 일정하게 유지되지만, 도시 외곽의 이동을 포함하면 상당히 증가한다.

있다. 여러 이동 유형들의 변화부터 주목해 보자. TTB가 1990년대 이전인 50년대와 80년대 사이에 극적인 증가가 없었다는 사실은 이 변화를 일으킨 동기가 급격한 변화했음을 암시한다. 30년 전의 주된 이동 동기였던 업무는 이제 전체 이동의 20~30퍼센트퍼센트에 불과하다. 직원들은 더 이상 점심을 먹으러 집으로 돌아가지 않으며, 따라서 직장-집 이동이 반으로 줄어들었다. 반면에 여가 생활 관련 이동은 상당히 증가했다. 이 둘은 몇 년 전까지는 각각 줄어들거나 늘어나면서 전체 이동 시간을 일정하게 유지했지만, 이제는 업무 관련 이동은 더 이상 줄지 않고 여가 이동은 계속 증가한다. 연쇄적인 활동(중간에 집으로 돌아가지 않고 여러 활동을 연속으로 수행하는 것)도 약간 증가했다. 이러한 모빌리티 패턴의 변화는 단순한 전략상의 변화라기보다는, 조직 수준(여성들이 직업을 가지면서 점심시간에 집으로 돌아가는 이동의 감소로 직결된다)과 문화 수준(여가 활동과 자유시간의 중요성 증가)에 일어난 크나큰 변화를 의미하며, 도시 공공공간 자체에 나타난 변화를 반영한다(예를 들어, 아이가 혼자 등교하게 하는 것은 이제 위험한 행동으로 여겨진다). TTB의 증가는 속도와 이동 거리의 관계가 깨졌기 때문이기도 하다. 이동 거리의 증가가 현대 교통의 속도 증가로 보상 받는다는 메커니즘은 더 이상 유효하지 않다. 가장 빨리 가장 멀리 여행하는 사람들은 이동에 가장 많은 시간을 쓰는 사람들이다. 게다가, 일부이기는 하지만 하루에 두 시간 이상 출퇴근을 해야 하는 사람들도 있다(Joly, 2006). (직업적 이유로 더 먼 곳까지 이동하게 만드는) 시장의 확대, 맞벌이 커플들의 주거지

결정, 도로 인프라가 제공해 온 속도 증가의 둔화(교통 흐름의 증가가 도로 연결망에 교통혼잡을 만든다)처럼 많은 사회경제적 변화들이 이러한 추세를 낳았다.

간단히 말해, 우리는 과거보다 더 긴 통근 시간을 기꺼이 받아들이고 있다. 하지만 어떤 식으로 이를 경험하는 것일까? 이 변화는 우리에게 어떤 영향을 미치는가? 그리고 공공장소를 이용하는 다른 방법은 우리에게 무엇을 알려 주는가?

조사 결과는 장거리 통근자들이 통근과 함께 어떻게 '살아가는지'를 자세하게 들여다보게 해 준다. 장거리 통근자들은 열차로 이동하는 경우가 많으므로 휴대폰과 노트북 컴퓨터를 활용한 다른 활동들을 이 시간에 할 수가 있다.

이 시간을 효과적으로 사용하기 위한 첫 번째 전제 조건은 활동을 진행할 수 있는 좌석을 확보하는 것이다. 일단 좌석이 확보되면, 꼭 일과 관련된 것이 아니더라도 사회적 활동을 비롯한 다양한 활동을 할 수가 있다.

재클린은 하루에 6시간씩 출퇴근을 하지만 열차를 타기 시작한 이후 "나를 위한 더 많은 시간"이 생겼다고 느낀다. 스케줄이 유연하므로 통근이 가능하다. 열차에서 바라본 풍경의 아름다움도 빼놓을 수 없는 이득이다. 재클린은 이동 중에 긴급한 문제나 프로젝트를 처리하며 통근 시간을 최대한 활용하려고 한다.

마르크는 통근 시간을 사회적인 활동에 쓴다. "식당칸에서 알게 된 사람들과 같이 앉아서 집으로 돌아오는 경우가 많아요. 그러니

까 친구들과 함께 시간을 보내는 거죠."(마르크)

물론 우리가 조사한 장거리 통근자들에게서 엿볼 수 있듯, 통근 시간을 남보다 더 효과적으로 이용하는 사람들이 있고 그들에겐 특별한 기술이 있다. 시끄러운 공간에서도 집중하거나 휴식할 수 있는 능력, 멀미를 안 하는 능력, 미리 활동을 계획하는 능력 등이 필요하기 때문이다.

통근 시간의 이용은 직업 및 업무 스케줄의 유연성과도 관련이 있다. 이동 시간의 일부가 '근무시간'으로 계산될 때, 즉 집에서 업무를 처리하는 것이 허용되는 경우에는 통근 시간의 이용이 급격히 늘어났다.

파리의 여러 교통 중심지를 이동하는 경험은 아주 다양했고, 시간을 넓고 자유롭게 제한 없이 이용하는 능력과 관계가 있는 모틸리티 기술은 공간을 조직하는 개인의 민감성에 큰 영향을 끼쳤다. 시간을 유동적으로 활용하는 사람들은 기회를 낭비하지 않았고, 도시 환경에서 나타나는 것과 유사한 소비 형태를 보였다(즉, 교통 중심부 내부의 실제 공간 구성에 별다른 영향을 받지 않았다). 이와 달리, 교통 중심지에서의 시간 활용에 제약을 느끼는 사람들은 그곳을 다른 활동을 위한 공간으로 사용하는 것도 어려워했고, 이용 가능한 상용 서비스도 소비하지 않았다.

공간의 질적 측면이 갖는 중요성

건축 환경, 신호체계, 분위기는 시간을 유동적으로 인식하고 교통 공간을 장악하는 통근자의 능력에 영향을 미친다. 여기서 우리의 주요 목표 중 하나는 통근 시간을 사용하는 능력이 개인의 모털리티와 공간 자체 사이의 상호작용에 달렸다는 것을 보여 주는 것이다. 우리가 그 공간을 어떻게 사용하고 거기서 무엇을 하는지는, 어떤 일을 하고 어떤 서비스를 제공 받는가만이 아니라, 해당 공간 안에서 우리가 얼마나 편안하게 느끼는지에 달려 있다. 장소의 아늑함이나 조명, 그곳이 얼마나 청결하고 안전하다고 느끼는지와 같은 모든 요인들은 개인이 그 장소를 얼마나 받아들일지를 결정한다. 그러므로 이동성 능력은 그 장소를 장악할 기회가 생기느냐, 개인이 공간을 창출할 조건이 마련되느냐와 밀접한 관련이 있다고 할 수 있다.

도시 생활 방식에 대한 국제적 조사 결과와도 일치하는 이 질적 연구 결과는, 통근 경험이 시간 그 자체와 교통수단이 제공하는 모빌리티 기회 간의 상호작용에 달렸음을 알게 해 준다.

대중교통이 발달한 도시들(런던, 파리, 베를린, 프라하)에서는 매일 2시간씩 걸리는 이동 시간이 '정상'으로 여겨지지만, 주민들은 가능한 한 통근 시간을 줄이고 싶다고 응답했다. 하지만 도보나 자전거 여행이 지배적인 도시들(베이징, 상하이, 시드니, 뉴욕, 시카고, 멕시코시티)에서는 매일 2시간씩의 이동 시간이 견딜 만하다는 응답이 많았다.

자전거, 도보, 자동차 이용은 다른 활동과 결합될 수 있고 도중에 멈추는 일도 가능해서, 설사 아주 오래 걸리더라도 열차나 버스로 통근하는 것보다 그 시간을 더 잘 견딜 수 있다. 자전거 통근에는 경

Paris 2011 - Fanny Steib

로 선택의 자유가 존재하므로, 도시를 발견하는 순수한 즐거움을 누리기 위해 일부러 먼 길을 돌아 귀가하기도 한다.

이동은 모빌리티 기회와 관련하여 이해할 수 있고, 이 기회는 교통수단의 특수한 성격과 통근자가 느끼는 편안함의 수준과 연결되어 있었다. 이동 중 다른 활동을 하기 위해 긴 통근을 중단할 수 있는 가능성은 모빌리티를 추구하는 사람들에게 필수적인 부분이다.

4.2.4 주거 선택에 대한 환경의 수용력이 제한적이고 지역적이라는 사실은 주거 생활양식에 관한 사회적 불평등의 핵심이다.

제한적이고 불평등한 주거 선택

모빌리티는 절충일 때가 많다. 모빌리티와 관련된 가능성의 장field of possibles의 확대와 도시의 출현으로 대다수 사람들이 비슷한 가격의 주거지들 중에서 선택해야 하는 일이 잦아졌다. 우리는 밀집 환경에 살 것인지, 교외 지역에 살 것인지를 선택할 수 있다. 아파트나 주택의 크기, 차를 타고 갈 수 있는 가까운 놀이공간 여부, 근처의 녹지 공간이나 편의시설 여부 등을 놓고 타협한 끝에 내리는 선택이다. 이 타협은 삶의 계획과 조건들을 놓고 주거지에서 균형을 맞추려는 시도의 결과다. 하지만 의문이 다 해소된 것은 아니다. 타협을 거부하는 사람들은 어떤 사람들일까?

여러 연구들에서, 도시 주변 환경의 급속한 성장은 그 시대의 지배가치를 실현시킬 능력의 결과로 해석되곤 한다. 자기 집을 소유하는 것, 단독주택에 사는 것, 자연친화적인 곳에 사는 것 등을 그런 가치의 예로 들 수 있다.

도시 확장 현상은 분명히 주거지 선택과 연관이 있다. 그러나 주거지의 선택이 개인들의 욕구가 구체화된 결과라고만은 할 수 없다. 어떤 사람들에게는 집을 소유한다는 것이 사실상 구조적이거나 상황적인 보상의 집합일 때도 있다. 다시 말해서, 다양한 욕구들의 충돌 속에서 해당 가구가 도출해 낸 타협의 결과인 것이다.

일드프랑스, 리옹, 스트라스부르크, 액상프로방스 지역의 5,500 가구를 대상으로 실시한 양적 조사는 이런 문제를 명확하게 드러낸다. 우선, 이 조사는 주거 욕구가 교외나 시골의 단독주택을 향해 전부 몰려 있지 않다는 것을 보여 준다. 도시 중심부에 사는 사람들은 교외에 살고 싶다고 답했지만, 교외나 시골에 사는 사람들은 그 반대였다. 주거 욕구는 이분법적이어서, 도심(조사 대상자의 46퍼센트) 또는 교외(조사 대상자의 42퍼센트)로 각각 치우쳤다. 교외 지역에 살고 싶다는 응답은 이미 살고 있는 사람들(조사 대상자의 13퍼센트)을 포함하여 미미한 편이었다. 여기서 개인의 취향은 확실히 중요한 역할을 하지만, 사회적 위상social status의 중요성을 잊지 말아야 한다. 예컨대 프랑스에서는 지난 30여 년 동안 도시 교외 지역이 점점 더 기피 대상으로 자리 잡았다. 가난하고 폭력적이라는 단순한 이미지를 뛰어넘는 이런 기피 현상은 해당 지역 학교의 평판도 결정짓는다. 따라서 아이가 학교에 다니거나 학령기가 얼마 남지 않은 부모들은 대안을 찾아 나서는 주거 모빌리티 경향을 강하게 나타낸다.

또한, 이 조사 결과는 주거지 선택이 주거지 욕구와 일치하지 않을 때도 많다는 사실을 보여 준다(Kaufmann, 2002). 노동자계층과 블루칼라 가구들은 도시 교외 주거 생활에 대한 욕구를 드러냈으나, 현재 도시 교외에 사는 사람들은 도심에서 살고 싶어 한다는 것도 사실이었다. 예를 들어, 도시 및 도시 교외 환경에 주택을 소유한 가구 구성원들의 28퍼센트는 도시 교외에서 살고 싶어 하지만, 44퍼센트는 도심에 가까운 지역에서 살고 싶어 한다. 몇 가지 설명이 가능하지만, 가장 중요한 것은 부동산시장이다. 큰 아파트를 소유하고 중심지에 계속 살기를 원하는 가족들은 자신의 재정 규모에 알맞는 매물이 적은 교외 지역으로 이사하기를 꺼리며, 아이가 다닐 학교의 평판 문제 때문에 도시 교외의 큰 아파트보다는 외딴 교외 지역으로 이사하려고 한다. 그러나 이것이 전부는 아니다. 이 연구는 지금 말한 상황이 반복되는 일상생활, 자동차 의존성, 근접성 부족으로 인한 제약 등으로 인해 교외 생활에서 느끼는 어떤 환멸과도 관련이 있음을 보여 준다. 청소년들은 도시에서 살기를 원하는 경우가 많다. 그들은 자동차 의존성이 크고 놀 거리가 부족한 상황이 자신들의 독립성을 해친다고 느낀다.

그러므로, 프랑스에서 도시 주변 환경은 부동산시장이나 여타 가구 구성원들이라는 제약, 간단히 말해 공간적 분리spatial segregation의 제약으로 인해 개인이 위치하게 되는 장소인 것으로 보인다.

우리의 연구 결과는 도시 교외 지역에 대한 기피 현상이 교외 인구를 늘리려는 정책의 수행에 근본적인 장애물로 작용하고 있음

[표 4.3] 실제 거주지와 원하는 주거지의 일치

	도시/도시 교외에 거주		외딴 교외에 거주	
	도시에 사는 편을 선호	도시 교외에 사는 편을 선호	도시에 사는 편을 선호	도시 교외에 사는 편을 선호
주택 소유자	72퍼센트	28퍼센트	44퍼센트	56퍼센트
생애 첫 주택 소유자	63퍼센트	37퍼센트	45퍼센트	55퍼센트
세입자	63퍼센트	37퍼센트	31퍼센트	69퍼센트

을 보여 준다. 개발은 거의 한계에 도달했고 부동산 가격이 높기 때문에 일반적으로 도심 환경은 가격과 크기가 적당한 집을 충분히 공급하지 못한다. 자동차 의존도를 줄여 줄 만족스러운 대중교통 서비스를 제공하는 것도 불가능하다. 이런 요건들을 실현시킬 잠재력이 있는 곳이 사실 도시 교외 지역이다. 그러나 프랑스의 많은 교외 지역들은 공간적 분리로 인해 기피 대상이며, 심지어 발전을 가능하게 할 수단을 가진 사람들도 교외를 찾지 않는다. 현재 상태에서는 상당수의 도시 근교들이 그러한 형태의 개발을 수용하지 못하고 있다.

맥락상의 차이

조사를 통해 볼 때, 주거 생활양식을 수용하는 어떤 지역의 범위와 위치는 주거 욕구가 실제 주거지로 이어지게 하는 기초가 된다. 이런 점에서 영국, 독일, 스위스의 사례는 프랑스의 맥락과 비교해 볼 때 흥미롭다.

영국 마을의 고전적인 이미지는 작고 서로 비슷해 보이는 집들이 줄지어 있는 조용한 동네다. 실제로 영국에서는 인구의 80퍼센트 이상이 거주할 만큼 이런 주거 유형이 우세하다(Wiel, 1999: 34). 다른 집단 거주 형태로 함께 공존하기는 하지만, 방 두 개짜리 '테라스형 주택'이나 방이 세 개나 네 개이고 한쪽 벽면이 옆집과 붙어 있는 집들은 아주 비슷해 보인다. 균질성이라는 특징 말고도, 이 주택 개발 유형은 두 가지 독특한 특징이 있다. 첫째, 이 유형은 적어도 100년 이상 존재해 왔다. 둘째, 개별적인 거주지로 구성되어 있지만 밀집도가 상당히 높다. 이 오랜 역사를 지닌 개발 유형은 중요한 결과를 낳았다.[3] 자동차 사용이 일반화되기 전에 착수되었으므로 도보 교통을 위해 계획되었고, 따라서 생활양식 차원에서 어느 정도의 다양성을 허용한다. 영국의 마을들은 지금도 걷거나 자전거를 타거나 대중교통을 이용해 접근할 수 있어야 한다는 지역 개념에 바탕하고 있다(Pharoah & Apel, 1995).

영국의 주택 환경이 지니는 맥락은 집단 주거지, 구시대적 개발, 개인적이고 현대적인 개발 사이의 모순이 갖는 상대적인 성격에 주목하게 한다. 영국에서는 오랫동안 단독주택 형식이 존재해 왔고, 새로운 유형의 집단 주거지도 등장하고 있다. 영국 북부에 많이 등장한 작은 아파트 건물들은 인구 집단들의 혼합을 보여 준다. 영국 중산

---

[3] 1850년경 모든 영국인의 절반은 이미 도시 환경에 살고 있었다(Champion, 1989: 83).

층들이 밀집화 정책을 성공적으로 받아들였다면, 그것은 프랑스와 달리 해당 지역들이 빈민가와 가깝지 않았기 때문이었을 것이다.

독일에서는 전통적인 건물과 단독주택 외에도 3층짜리 건물이나 여러 아파트로 이루어진 독립형 타운하우스처럼 다양한 반^半집단 주거지가 존재한다. 인구의 60퍼센트 이상이 아파트에 살고 있는 독일에서는 프랑스식 근교화(즉, 도시 확산)가 잘 나타나지 않는다. 프랑스 대비 40퍼센트 정도다(Wiel, 1999:34). 여기서 특정 도시계획 정책과 개발 표준이 저밀도 지역을 경제적으로 발전하지 못하게 막는다고 추론해 볼 수 있다(Pucher, 1998: 286-287). 일가족이 거주하는 전원 생활에 가까운 독립형 주거지는 중간 정도 밀도의 주택 개발의 중심이었다(Kontuly & Vogelsang, 1989: 157).

그러므로 주거 욕구는 어떤 맥락에서나 동일하게 표출되는 것이 아니며, 따라서 사람들이 대개 교외에 살고 싶어 한다는 가정은 잘못된 생각이다. 앞에서 살펴보았듯이, 타협과 양보는 필수적이다.

4.2.5 주거 생활 방식에 대한 공간의 수용력은 주거 선택 차원에서 잘못 이해되는 경우가 많다.

젠트리피케이션과 그 다양성

여러 주거 생활 방식들에 대한 어떤 지역의 수용 능력은 잘못 이해될 때가 많다. 특히 가족 단위 가구에게 그러하다. 물리적인 배치, 녹지와의 근접성, 차량 소음이 덜한 것 등의 장점은 사실 그 동네의 실체에 대해서는 아무것도 말해 주지 않는 피상적인 속성들이다.

파리 동부의 젠트리피케이션 현상에 대한 우리의 연구는 이 사실을 확실하게 이해하게 해 준다(Pattaroni, Kaufmann, Thomas, 2011). 우리는 (모두 대중교통이 발달한) 6개 지역의 젠트리피케이션 현상을 비교연구 방식으로 분석했다. 파리 동부의 세 지역(파리 제20구의 라레위니옹, 20구의 메닐몽땅, 18구의 구뜨 도흐)과 북동부 파리의 세 교외 지역(몽뜨외이의 중심 지역, 바뇰레, 생드니)이 그 대상이었다. 여섯 개 지역 모두 최근 몇 년간 부동산 가격이 급등했으며, 사회문화적·민족적 다양성이 높고, 산업화 및 노동자계급 거주지로서의 역사가 있다는 특징을 지녔다. 두 가지 조사가 이루어졌다.

- 2003년 봄에 젠더, 연령, 사회직업적 범주에 기초해 여섯 지역의 500명을 표본으로 실시한 가구 주거전략의 재구성에 대한 실천과 욕구 조사
- 도시계획 문헌, 연구 자료, 공공 부문 종사자들과의 인터뷰에 기초한, 1980년부터 2005년까지의 여섯 지역에 대한 사회역사적 연구

이 조사 방식은 각 지역의 역사와 그 형태학적 궤적에 따라 젠트리피케이션 현상을 분석하고 정량화할 수 있다는 장점이 있다. 두 조사를 결합하고 사례 연구에서 얻어 낸 각 지역에 대한 특정한 지식과 역학을 이용하여, 우리는 공간의 사회적 분할에 대한 양적 분석에서 자주 직면하는 많은 해석상의 난점들을 우회할 수 있었다(Rhein, 1994).

구뜨 도흐와 생드니는 보헤미안적 젠트리피케이션과 중산층 젠트리피케이션에 모두 저항했다. 사람들은 자신들의 주거 욕구나 경제적 이유 때문에 이 지역을 떠나고 싶어 한 것은 아니다. 오히려 그들은 이 지역의 사회적 구성으로 인해 일상생활에서 마주하게 된 사회적이고 민감하며 부정적인 경험 때문에 떠나기를 원했다. 지역이 갖는 사회적 이미지와 마찬가지로, 물리적이고 실제적인 거주 경험도 중요하다. 사회적 갈등, 소음, 불결함, 단조로움 등은 오랜 기간에 걸쳐 해당 지역의 단점으로 자리 잡았다. 시간이 지남에 따라 거주자들은 이 문제들을 견디지 못해, 현재의 환경이 제공하지 못하는 근본적인 요소들을 확보할 수 있는 지역으로 떠나게 된다. 진보 좌파에 속하는 '젠트리파이어gentrifier'(빈민가를 고급화하는 사람)들조차 만족스러운 생활 방식을 확보하지 못하고 구뜨 도흐를 떠나고 있다.

이 조사를 통해 우리는 몇 가지 결론을 내렸다. 여섯 개 지역 모두에서 부동산 가격이 가파르게 올랐고, 이 상황은 다양한 전략, 욕구, 애착이나 혐오의 표출 등에서 명백하게 드러나는 젠트리피케이션 현상의 다층화를 감췄다. 근본적으로 젠트리피케이션 모델과 중산층의 주거 모빌리티는 다양하며, 도시적 맥락 속에서 중산층의 자기 표현도 여러 가지 방식으로 나타났다. 이 대목은 방법론적으로 중요한 지점이다. 어떤 지역의 사회적 변화를 관찰하는 것만으로는 그곳에서 나타난 젠트리피케이션 과정의 다양성을 반영하지 못한다. 각 지역의 역사적 맥락 안에서 관련자들의 행동 논리를 더 자세히 살펴봄으로써 우리는 젠트리피케이션 과정의 다양성과 그 과정을 형성하는 요인들을 이해할 수 있었다.

모빌리티와 젠트리피케이션

이 지역들의 변화를 분석하고 확인하면 몇 가지 분명한 과정이 존재
한다는 것을 알 수 있다.

　단계적 모형과 비슷한 첫 번째 과정은 문화지향적인 보헤미안 젠
트리피케이션의 역학으로 설명 가능하다. 사실 여러 단계를 거치는
이 과정은 '개척자' 역할을 하는 젠트리파이어가 침체된 동네에 흥
미를 느끼는 것으로 시작하여, 어느 정도 개척자와 유사한 '보헤미
안' 중산층 젠트리파이어가 뒤따른 뒤, 결국에는 전통적인 중산층의
정착으로 마무리된다. 메닐몽땅, 몽뜨뢰이, 바뇰레는 이 첫 번째 과
정을 잘 보여 주는 지역들이다.

　두 번째 과정은 부동산 젠트리피케이션 역학에 따라 설명될 수 있
다.[4] 이 과정도 건축 환경의 악화에 기인하지만, 지역의 파괴와 대규
모 재재발로 이어진다는 점에서 차이가 있으며, '신건설 젠트리피케
이션new-build gentrification'이라는 용어가 가리키는 바와 어느 정도 비슷
하다(Davidson & Lees, 2005). 적당한 가격의 부동산을 찾는 '상향 이동 지
향 중산층'을 끌어들이는 지역인 라레위니옹에서는 두 번째 유형의
역학 관계가 나타났다.

---

[4]　첫 번째 과정에서도 시장은 중요한 역할을 한다. 하지만 기본적으로는, 두 번째 과정보다는
　　더 사회적 과정에 가까운 성격을 갖는 변화를 장기적으로 강화하고 안정시키는 방향으로 작
　　용한다.

세 번째 과정은 부정적인 젠트리피케이션이라고 부를 수 있다. 중산층 거주자들이 일상적으로 겪는 불편함과 공공주택의 존재로 인해 젠트리피케이션의 역학 과정이 부분적으로 또는 완전히 방해 받는 경우를 뜻한다.

어떤 지역의 장기적 변화와 일상생활에 초점을 맞추면 부정적 젠트리피케이션 현상을 이해할 수 있다. 부동산시장 구조에만 주목하는 정태적인 분석은 시간이 지남에 따라 그 동네에서의 삶을 견딜 수 없게 하고 거주자들을 몰아내는 불편함을 고려하지 못한다. 부정적 젠트리피케이션에서는 이 논쟁의 중심인 또 다른 현상, '식민지화colonization'가 나타난다. 식민지화는 옛 거주자들이 동네에서 쫓겨나는 장기적 젠트리피케이션의 불행한 결과를 가리킨다. 부정적 젠트리피케이션, 그리고 부동산 가치 상승이 이끄는 젠트리피케이션이라는 두 가지 대조적인 상황은 대칭적이다. 두 가지 상황 모두 어떤 생활 방식이 다른 생활 방식을 몰아내는 것이기 때문이다. 식민지화 문제는 도시개발에 관련된 배제 메커니즘을 더 심층적으로 연구하게 한다.[5] 다양한 배제 메커니즘을 더 잘 이해하려면, 우리는 도시 건설 환경이 선택과 생활 방식에 영향을 미치는 많은 방법들은 물론이고, 사회적 다양성을 중산층 젠트리파이어가 얼마나 받아들

---

[5] 배제expropriation라는 용어는 소유권 법률 조항에 규정된 배제 메커니즘만을 가리키지는 않는다. 오히려, 우리는 배제가 특정 환경에서 한 사람이 자신의 생활 방식을 유지하지 못하게 하는 모든 메커니즘과 어떤 관련이 있는지를 고려해야 한다(Breviglieri and Pattaroni, 2005).

이는지도 고려에 넣어야 한다. 주거 의사결정을 내릴 당시에는 주택의 가격 및 유형, 대중교통 접근성, 사회적 다양성 정도와 관련된 그 지역의 평판 같은 특정 요소들이 매우 중요하게 작용한다. 하지만 소음, 학교 관련 문제, 공공장소의 불편함처럼 일상적인 문제들이 쌓여서 장기적으로 나타나는 문제들도 있다. 이 모든 것이 도시 건설 환경과 맺는 관계, 예를 들어 특정한 생활 방식을 불가능하게 만드는 높은 물가, 주거 욕구를 저해하는 나쁜 평판, 점점 참을 수 없게 되는 부정적 감정의 출현 등은 도시 역학적 차원에서 배제 현상에 포함될 수 있다.

4.3 결론

개인들의 모빌리티와 관련된 세 가지 기본적인 질문은 이 장의 구성 원칙 역할을 했다. 이 질문들을 다시 한 번 검토한 후, 2장과 3장에서 제시한 이론적 틀의 맥락에서 우리의 연구 결과를 요약해 볼 것이다. 도시를 도시답게 하는 데에(즉, 도시성의 강화에) 기여하는 모틸리티의 특징은 무엇일까? 환경의 수용력과 관련하여, 도시성을 지향하는 모틸리티를 방해하거나 지지하는 요인은 무엇일까? 어떤 요소가 도시 형성적인 모틸리티를 수용하는 환경을 규정하는가?

도시에 거주하기를 원하는 사람들은 한 가지 공통점이 있다. 그들은 타자들과의 관계와 차이를 중시한다. 알지 못하는 대상과 마주하고 매일매일 변화의 기회와 만나기 위해서는 기본적으로 밀도와 다양성이 존재해야 하고, 수용적이면서 다른 사람들을 환대하는 공간이 필요하다. 우리의 실증적 연구 자료들은 이동과 모빌리티를 구별할 때의 발견술적 이점을 이미 보여 주었다. 이 두 가지 개념을 구분하면 새로운 논의의 가능성이 열리고, 더 나아가 도시를 도시로 만드는 것이 무엇인지를 탐사하게 해 준다.

타인과의 접촉을 꾀하는 것은 일상생활에서 세 가지 유형의 공간을 결합하는 결과를 낳는다. 도시 형성에 공헌하는 개인은 세 가지 유형의 공간, 즉 그물코형areolar · 세망형reticular · 리좀형rhizomatic 공간 모두에서 강한 존재감을 드러내면서 사회적으로 포섭social inclusion된다. 통근은 한 개인이 공동체의 일원이 되는 것도 아니고, 그저 공공장소에 물리적으로 존재하는 것도 아니며, 타자성과의 관계맺음이 가능하도록 동네를 자주 돌아다니거나 열차에서 인터넷을 서핑하는 것과도 완전히 일치하지 않는다. 오히려 통근에는 세 가지가 모두 공존한다.

환경의 수용력은 도시 형태의 다양성, 교통 및 통신 시스템, 그리고 해당 환경에서 형태와 시스템이 만들어 내는 잠재적 구성과 관련된다.

그러나 이렇게 단언하는 것에 더하여, 우리의 실증적 연구는 원래의 이론적 명제를 미세하게 조정할 수 있게 해 주었다. 네 가지 지점은 특기할 필요가 있다.

첫째, 주거 선택을 위해 도시라는 설정을 필요로 하는 모빌리티

계획은 다양하지만, 항상 어떤 변화나 타인과의 관계를 목표로 하는 것은 아니다. 단순하게 말해서, 우리는 다양한 서비스나 시설을 이용하고자 하는 욕구 없이 접근성(즉, 기능적 측면)을 확보하기 위해 도시를 선택할 수 있다. 결국 사람들은 도시에서 살기로 결정한다. 왜냐하면 도시가 가고 싶은 곳에 빨리 갈 수 있게 해 주고, 그래서 정주적인 생활 방식 속에서도 이용 가능한 시간과 공간을 더 잘 조절할 수 있게 해 주기 때문이다. 장거리 통근자들과 그들의 사회적 실천은 이 사실을 상기시킨다.

둘째, 도시의 모빌리티 잠재력은 서비스와 시설에만 달려 있지 않다. 공공공간과 교통시설의 인체공학은 모빌리티 기회를 만들어 내도록 지원한다. 조용하고 편안한 공간은 다양한 활동을 가능하게 하므로 우리에게 이동성을 부여한다. 통근 시간을 이용할 때 특히 이런 점이 두드러진다. 우리의 실증적 연구 자료들은 주거 선택에 대한 환경의 수용 능력이 제한적이고 극히 지역적임을 입증한다. 셋째로, 여기가 중요한 지점이다. 선택의 영역 또는 가능성의 장은 상대적으로 제한적이며 맥락적인 데다가 '고전적인' 사회구조에 기댄다. 맥락적 규범에 들어맞지 않는 계획과 욕구를 가진 사람들은 계획의 실현에 어려움을 겪으며, 규범을 위반하는 창의성을 발휘하기 위해 공격적으로 행동해야 한다. 이 유사-유동성을 갖는 사회적·공간적 세계의 지평은 교통·통신 기술로 넓어졌고 그 세계로 통하는 많은 문들이 열려 있지만, 사람들은 그 세계와 불화를 겪고 있다.

마지막으로, 우리의 연구는 모틸리티가 개인들이 계획과 욕구를 실현하게 하는 기본적인 자원이기는 하나, 모든 이들이 동등한 모틸리티를 갖지는 않음을 보여 주었다. 통근 시간은 미리 활동을 계획하고 공공장소에서 집중하는 능력이 있어야 활용할 수 있다. 자기 욕구를 충족시킬 주거 선택은 미래의 계획과 욕구에 대한 환경의 수용 능력을 어떻게 평가해야 하는지를 알고, 피상적이거나 잘못된 길로 이끄는 형태적 특성에 현혹되지 않아야만 할 수 있다.

5장

도시를 형성하는
집단적 모틸리티

La Havanne 2008 - Jérôme Chenal

5.1 서론

4장에서 보았듯이 환경은 상당히 제한적으로 개인의 계획을 수용할 때가 많다. 우리의 이론적인 틀에서 가정한 것보다 훨씬 더 제한적일 수 있다. 이제 공공 및 민간 행위의 누적이 환경의 수용력을 변화시켜서 해당 맥락을 좀 더 개방적으로 만드는 방식을 살펴보자.

5장의 목표는 도시 프로젝트 실현의 이면에 존재하는 의사결정 과정을 분석하는 것이다. 몇 가지 요소들이 이 과정의 특징이다. 공공 및 민간 행위자의 다양성, 프로젝트의 성공에 필요한 협상과 조정 및 파트너십 구축 능력(즉, 전략과 이해관계의 전체적인 조화) 등이다(Gaudin, 1999; Kaufmann & Sager, 2006). 기존 맥락에서 어떻게 이 결정들이 형성되는지를 알아볼 것이다.

공공 행위의 중요성을 깎아내리는 것은 아니지만, 우리는 계획에 대한 환경의 수용력에서 민간 행위자(특히 경제행위자)가 차지하는 역할을 강조할 것이다. 더 나아가, 민간 행위자가 도시의 실체와 역학에 미치는 영향은 그들의 모틸리티가 갖는 본질과, 또는 경제행위자, (어떤 협회 같은) 민간 행위자, 공공 행위자 간의 모틸리티 차이와 관련이 크다고 주장할 것이다.

행위자가 어떤 환경에 미치는 영향은 모틸리티의 관점에서 이해 가능하다. 서로 다른 행위자들은 특수하고 뚜렷하게 구분되는 모틸리티를 지닌다. 경제행위자의 모틸리티는 강하게 이동을 지향할 때가 많은 반면, 공공 행위자는 특정 지역에 고정되어 있고 따라서 그 모틸리티는 모빌리티(즉, 변화)에만 사용될 수 있다. 이 비대칭성에 대한 분석이 5장의 핵심이다.

공공 및 민간 행위자의 모틸리티 문제를 설명한 후, 교통정책과 도시개발에 대한 비교연구 결과에 기초하여 모빌리티(변화의 능력) 측면에서 공공 행위자의 모틸리티를 탐구할 것이다.

5.2 공공 행위자의 모틸리티

공공 행위, 의사결정 과정, 법과 규범의 역할, 제도적 시스템, 그리고 의사결정 과정에서 변화의 벡터로 작용하는 신념과 일반 원칙의 구축은 수많은 연구들의 주제였다. 규범의 역할에 대한 연구들은 규범이 의사결정에 관련된 가능성의 장을 규정하는 핵심적인 역할을 수행한다는 사실을 보여 주었다. 예를 들어, 소음 감소 조치나 정책은 도시개발에 장기적인 영향을 미친다. 규범과 관례는 사실상 "불확실성을 제한하고 집단행동을 구조화하는 안정적이고 예측 가능한 틀"로 기능한다(Lascomes & Le Galès 2004: 12).

의사결정은 의사결정 능력, 수평적 부문화/공간화, 의사결정 과정의 수직적 구성을 규정하는 제도와 무관하게 진공상태에서 이루어지는 것이 아니다. 즉, 정책이 만들어지는 틀 안에서 의사결정이 일어난다. 여러 연구에 따르면, 공공 행위를 규정하는 이 틀의 구성이 의사결정의 본질과 내용을 결정한다(Le Galès, 2002; Kaufmann & Sager, 2006).

신념과 믿음은 지금의 의사결정 과정뿐 아니라 이전의 정책들에서도 중요했다. 예컨대 1950년대와 60년대의 주요 정책 방향이었던 자동차 중심의 도시 건설은 도로 인프라 구축으로 이어졌으며, 이 정책 방향은 예전에 수정되었지만 여전히 사람들의 이동 방식에 직접적인 영향을 주고 있다. 여기서 주목할 지점은, 지역 정책 분석에서는 익히 알려진 인지적 틀의 역할이 아주 크다는 사실이다. 인지적 틀은 때로는 공공 행위가 참조하는 틀로 작용하고, 때로는 정치적 대안의 역할도 한다. 재생산과 연속성의 이미지를 낳는 이 인지적 틀은 제도와 이해관계뿐 아니라 이데올로기와 정치적 기획으로도 만들어진다(Hommels, 2005; Gallez & Maksim, 2007).

관련 연구들은 공공 행위자들의 모틸리티가 이동보다는 변화를 지향한다는 점을 드러낸다. 일반적으로 규범, 법, 제도, 기본 원칙은 환경이 갖는 수용력의 핵심과 실체를 쉽게 변화시키지만, 물리적으로 이동시키지는 않는다. 물론 집단적 주거지의 형성이나 도시 융합 같은 예외도 있지만 이는 드문 경우에 속한다.

5.3 민간 행위자의 모틸리티

행위자들의 모틸리티 문제를 다루는 것은 경제 차원에서 이동과 모빌리티를 다룬다는 의미이기도 하다. 이 문제를 살펴본 후, 일반적인 집단 행위자들의 모빌리티 문제로 돌아갈 것이다.

경제 영역에서 모빌리티를 이야기할 때에는, 상품 및 서비스의 모빌리티와 생산요소로서의 모빌리티를 구별하는 것이 중요하다. 상품과 서비스의 모빌리티는 언제나 경제발전의 주요 원천 중 하나로 여겨져 왔다. 이 경우 모빌리티는 변화를 의미하며, 따라서 애덤 스미스 이래로 많은 경제학자가 주장해 온 바처럼, 노동 분업은 생산수단의 전문화를 가능하게 하고 생산성을 높인다.

생산 요인으로서의 모빌리티는 두 가지 다른 현상을 가리킨다. 하나는 자본, 노동, 보수의 배분 또는 조정이다(따라서 모빌리티는 경제행위자들이 더 큰 효율성을 얻게 한다). 다른 하나는 혁신적 역량을 최대화하기 위해 생산 요인들의 결합 가능성을 모색하려는 경제행위자들의 경향을 가리키는 혁신evolution이다(Kaufman et al., 2004).

배분과 혁신의 구분은 이동movement이라는 말이 갖는 두 가지 함축을 보여 준다. 전자가 물리적 이동에 가깝다면, 후자는 모빌리티와 유사하다.

이른바 배분 중심의, 혹은 신고전학파neo-Walrasian적인 접근에서는 생산수단의 이동이 이익을 가져온다고 주장한다. 사실 노동자, 자본가, 기업은 모두 할 수 있다면 가장 큰 보상을 받는 맥락으로 옮겨 갈 것이다.

혁신 중심의 접근 방식은 학습과 혁신의 기회를 증가시키면 이익이 창출된다는 견해에 기초한다. 이 기회들을 만들어 낸 이동은 모빌리티로 변모한다(즉, 위치의 변화가 일어난다). 특히 생산요소와 노동자들은 기술을 습득하기 위해, 혹은 제 기술을 온갖 장소의 다양한 자원들과 결합하기 위해서 움직인다. 혁신론자들은 공간적 불균형 속에서 이익 창출을 모색하기보다는 불확실한 세계에서 더 많은 조합과 창조의 기회들을 찾는다. 학습이나 혁신과 같은 자원들은 공간 내에서 제공되거나 배분되지 않고 창의적인 조합으로 생산된다(Maillat and Kébir, 1999). 이 시스템에서 승리하는 사람들은 혁신을 가능하게 하는 환경을 찾고 거기서 학습에 뛰어드는 자들이다(차별화를 꾀하면 경쟁력이 높아진다). 반면 뒤처지는 사람들은 거의 움직이지 않는다. 결과적으로, 어떤 도시와 지역은 숙련노동자들에게 더 매력적으로 느껴지고, 어떤 도시들은 숙련된 노동자들을 고용하고 유지하는 데 어려움을 겪는다. 따라서 특정 지역의 기술 수준과 노동력의 물리적 모빌리티는 서로 상응한다고 할 수 있다(Kaufmann, Schuler et al., 2004).

명시적으로 표현되지는 않더라도, 배분 중심의 접근과 혁신 중심의 접근 모두에서 경제행위자를 차별화시키는 것은 그들의 모틸리티다.

- 자본을 운용하는 경제행위자들에게 모틸리티는 유동성을 의미하

며, 투자 양상에 따라 자본을 자유롭게 이동시킬 수 있는 구체적인 기회를 가리킨다. 금융산업은 자본의 모틸리티를 크게 강화했다. 경제활동에 투자된 자본을 거래하고 이동하게 해 주기 때문이다.

• 노동 측면의 모틸리티는 기업의 경영 방식과 고용시장의 법칙에 달려 있다.

앨버트 허쉬먼Albert Hirschman(1986)이 내놓은 이탈exit과 항의voice 개념은 자본과 노동이 지역적 맥락에 어떤 식으로 기반하는지를 이해하는 데 유용하다. 생산 자산에 투자된 비유동성 자본을 보유한 사람은 더 효율적이고 혁신적인 해결책을 찾으려면 '항의' 말고는 방법이 없다. 반면에 금융산업의 등장 이후로는, 자본 소유자들이 회사의 경영 기관과 직접 접촉하지 않고서도 자산을 사고 팔 수 있게 되었다. 자본이 더 유동적으로 변하면서 금융산업은 기업, 지역, 국가에서 더 많이 '이탈'할 수 있는 힘을 갖게 되었다. 이는 자본 이동에 대한 제재가 완화된 것(특히 지역, 국가, 국제 수준에서의 자유화)이 얼마나 중요한 일인지를 보여 준다. 금융산업의 성장, 자본의 모틸리티 증가, 자본 보유자의 협상력 강화, 이 세 가지 상호 관련된 요인들이 1980~2000년대의 특징이다.

이 변화들은 경제행위자의 모틸리티가 이익을 창출하는 능력의 열쇠임을 알려 준다. 지난 수십 년 동안 자유무역협정, 금융산업의 중요성 증가, 교통·통신 시스템의 속도 잠재력 강화 등은 모틸리티를 변화시켰다. 이 변화는 이동지향적인 모틸리티를 지닌 회사들에는 유리했고, 모빌리티 지향적인 회사들에는 불리했다. 이제 자유무역 협정은 상품의 새로운 판매처를 제공하고, 저가 교통·통신 시스템의 개발은 기회를 찾아 생산지를 옮길 수 있게 한다.

이 변화들은 공공 행위자의 모틸리티와 민간 행위자의 모틸리티 간 격차를 확대시키는 결과도 낳았다. 금융산업의 유동성 때문에 주주들은 가장 이동지향적인 모틸리티를 가진 사람들이다. 금융산업을 통한 자본의 모빌리티 증가는 자본에 더 큰 자유를 부여했다. 자본의 모빌리티와 그 이탈하는 힘은 모빌리티를 갖추지 못한 다른 행위자들(상품 생산자, 지역, 국민국가)과 달리, 권력관계를 바꾸고 결과적으로 가격이나 위치까지 변화시킨다. 반면, 공공 행위자들의 모틸리티는 가장 덜 이동지향적이다. 이들은 그물코형으로 공간을 파악한다. 지자체를 재정비하거나 해외 대학 캠퍼스를 유치하거나, 의료 비용이 더 낮은 외국 병원과 의사에게 인센티브를 지급하는 등 이동과 관련한 시도를 한다 해도, 그 공간에 매여 있는 한계가 있다.

간단히 말해서, 주요 생산 요인들의 모빌리티는 지난 20년 동안 매우 특수한 방식으로 증가했다. 자본의 입장에서, 이제 모빌리티는 금융산업 발전 및 수익 증가와 같은 말이다. 자유화, 정보기술과 통신의 개발, 그리고 금융산업이 제공하는 새로운 서비스가 지속적으로 보완된 현상은 전 세계적인 속도의 증가를 낳았다. 노동력 측면에서 볼 때 인력 훈련이나 출장을 위해 오가는 거리, 기술자들의 이주, 그리고 다른 형태의 모빌리티들도 마찬가지로 증가했다. 예전보다 더 편안해졌고 비용이 덜 들게 되었지만, 여전히 이동이나 통근에 시간이 많이 걸린다는 점에서 이 증가는 제한적이다.

5.4 환경의 수용력을 변화시키는 행위자의 능력에 관한 세 가지 제안

앞에서 공공·민간 행위자의 모틸리티를 간단하게 정리해 보았다. 여기서 경제행위자들의 모틸리티 변화와, 그 결과로 나타난 공공 행위자의 모틸리티와 민간 행위자의 모틸리티가 보이는 비대칭성은 둘 다 중요한 대목이다.

집단 행위자들의 모틸리티 변화가 도시와 지역에 미치는 영향은 무엇일까? 그 답은 세 가지 차원에서 제시해 볼 수 있다. 자료와 비교하면서 이론을 검증하겠다는 목표를 유지하면서, 환경의 수용 능력에 결정적인 요소인 도시 접근성 정책에 관한 두 가지 비교 조사 결과를 활용해 보자.

① 도시의 실체는 민간 행위자들이 도시를 얼마나 매력적으로 느끼느냐에 달려 있으며, 민간 행위자의 모틸리티는 계획의 실현을 위해 이동/모빌리티를 지향할 수 있다. 도시의 실체가 갖는 매력은 장기간의 누적이 낳은 결과다.

투자자, 기업, 협회 또는 다른 유형의 집단들에게 환경이 주는 매력은 대부분 과거 행위의 결과이며, 따라서 절차적이고 재귀적이다. '창조적 계층'이 활용에 나서는 산업도시의 버려진 땅은 이 현상을 설명해 주는 가장 좋은 예다. 그 땅은 이동의 결과다(예전의 생산설비는 대부분 도시 외부나 다른 도시 또는 다른 나라로 이동했다). 이것은 또한 집단적 행위 속에는 과거 행위자들의 이동과 모빌리티에 관한 의미가 존재한다는 것을 의미하며, 더 구체적으로 말하면, 그곳의 역사가 계속 영향을 끼치고 있다는 뜻이다.

② 공공 행위자의 모틸리티는 이동을 지향하지 않으므로, 도시나 지역에 대한 공공 행위자의 영향력은 그곳을 변화시킬 능력에 달려 있다. 즉, 광범위한 프로젝트를 수용할 맥락을 형성하기 위해서는 모빌리티 역량을 갖춰야 한다.

우리의 연구에 따르면, 프로젝트에 더 수용적인 맥락을 조성하는 것은 그 실현에 필요한 경제적·법적 조건이 제공되느냐의 문제를 넘어, 앞서 논의한 네 가지 공간(주거 공간, 사회적 공간, 기능적 공간, 상업적 공간) 문제로 되돌아가는 것이다. 도시의 수용력이 증가하려면 살기 좋은 도시, 방문하기 좋은 도시로 만들 역량이 필요하다.

③ 도시를 바꾸고 도시가 여러 프로젝트들을 수용하도록 만드는 공공 행위자들의 역량은 공공 행위자들 간의 조정coordination 및 민간 행위자들과의 협상 능력과 긴밀하게 연관되어 있다.

공공 의사결정의 복잡성을 고려할 때, 조정은 도시나 지역의 변화에 사실상 핵심적인 측면이다. 특히 우리의 연구에 따르면, 공공 행위자들이 목표를 공유하면 민간 행위자들과의 협상력이 상당히 증가한다.

도시 접근성 정책에 대한 연구에서 추출된 이 세 가지 관찰은 공공 행위자들이 도시개발의 통제에서 어떻게 경제행위자들보다 우위를 확보하게 되는지를 보여 준다. 예를 들어 토지사용제한법, 재정 분배, 도시 마케팅 정책, 개발, 문화시설은 공공 영역으로 관리되므로 환경의 수용력에 큰 영향을 미칠 수 있다.

도시 접근성 정책에 대한 연구 결과를 자세히 설명하면서 논의를 구체화해 보자.

5.5 실증적 탐구

교통과 통신이 계속 발전해 가는 상황에서, 도시교통정책은 공공 행위에서 본질적인 것이 되었다. 무엇보다 지역 변화와 (특히 민간 행위자들의) 계획에 대한 수용력 강화 차원에서 그러하다. 이 정책들은 세망형細網形 공간과 관계되고, 따라서 높은 수준의 조정이 필요하므로, 의사결정의 그물코형 공간이나 주택, 교통 인프라, 도시개발 분야에서 나타나는 공공 행위의 '부문화sectorization'와는 다르다.

비교적 최근에 형성된 이 맥락은 러시아 인형 형태의 지역 관계가 점차 해체되면서 나타난 결과이다. 1950년대에는 개발과 교통을 조정하는 일을 '도시문제'라는 말로 간단하게 표현할 수 있었으나, 이후로는 상황이 복잡해졌다. 40년도 채 지나지 않아, 한때 도시 차원에 국한되던 문제들은 개발, 교통관리, 환경 서비스를 포함하는 다층적인 문제가 되었고, 모든 층위에서 다양한 기관 행위자들 간의 수평적·수직적 협력이 필요해졌다.

환경의 수용력을 변화시킬 공공 행위자의 역량을 탐사할 때, 교통과 개발의 조정은 실증적 분석의 대상으로 적절해 보인다. 먼저 두 가지 비교 분석을 참고하여 임시적 의사결정 프로세스의 기초를 이루는 동기와 과정을 살펴본 다음(Kaufmann and Sager, 2006), 의사결정이 환경을 어떻게 변화시키는지를 보자(Pflieger et al., 2008).

5.5.1 임시 의사결정을 구성하는 세 개의 축

공공정책의 수평적·수직적 조정은 일반적으로 정부의 정책 (또는 통치) 방향에 관련된 요소로 연구되는 경우가 많다(Kaufman et al., 2003). 이 조정의 질적 차원은 제도적 부문, 권력구조, 관련 행위자 등의 단순한 관계 양상으로 환원될 수 없기 때문에, 의사결정의 기반을 탐사하고자 한다면 이 좁은 시야에서 벗어나야 한다.

이 문제의식은 제도적 구조, 그리고 정치 행위의 밑바탕에 있는 행위 논리 등의 영향도 들여다보게 하지만, 무엇보다도 도시개발과 교통 사이의 관계가 개념화되는 방식, 관련 정책이 조정되는 방식에 전문가적 층위의 관행과 문화가 미치는 영향을 가늠하게 한다. 이 분석에 기초하여 우리는 환경의 기존 형태와 교통 공급의 수용력이 조정에 미치는 영향을 더 잘 따져 볼 수 있다.

여기 제시된 분석은 스위스의 베른, 바젤, 제네바, 로잔을 대상으로 하는 사례 연구에 기초하고 있다. 인구는 30만~50만 명 정도로 비슷하지만, 이 네 도시는 문화적인 면(독일어 사용/프랑스어 사용), 지리적 측면(국경에 맞닿아 있는지의 여부), 제도(지방자치의 자율성 정도), 도시 형태(밀도), 주요 교통수단 등에서 큰 차이가 있다. 네 도시는 또한 토지 이용과 대중교통 시스템 간 연관성에서도 각기 다른 모습을 보이므로 비교연구가 유용하다.

이 사례 연구는 도시계획 차원의 프로젝트 개발과 교통 차원의 프로젝트의 개발에서 행위 논리들의 조합을 파악하는 것이 목표였다. 프로젝트 개발(그 맥락과 목표)만이 아니라 관련 행위자들이 자신들의 위치를 규정하고 상호작용하는 방식을 조사하였고, 이에 따라 사회적 행위 체계로서의 조정 과정 전체를 살펴볼 수 있었다. 덕분에 우리는 글로벌한 차원의 개념들과 조정 시스템들을 실제로 검토해 보게 되었다. 대상의 선정에는 세 가지 요인이 작용했다.

- 의사결정 과정의 발전 정도
- 프로젝트에 관련된 다양한 제도적 층위
- 프로젝트에 국경을 넘나드는 요소가 있는지의 여부

바젤: 클라라그라벤 트롤리(미완성) 이 사업은 경전철을 부설하여 도시 북부의 기존 교통 서비스를 확대하는 것을 목표로 한다. 이 프로젝트의 영향은 밀집 도시 지역으로 한정된다.

바젤: S-반 그린 라인(완성) 이 사업은 바젤 지역에 고속열차 네트워크를 만드는 것을 목표로 하는 더 큰 기획의 일부로, 기존 인프라를 이용하여 새로운 규격의 열차 서비스를 개발하는 것이다. 그린 라인은 프랑스/스위스 국경을 횡단하는 계획으로, 복잡한 의사결정 과정과 조정 문제를 낳았다.

베른: 방크도르프 허브(완성) 이 사업은 고속도로 분기점, 열차역/트롤리 터미널, 일자리를 제공하는 허브, 축구 경기장, 쇼핑센터, 레저시설, 대중교통 환승 주차장 등을 포함하는 새로운 상업 구역 건설을 목표로 했다. (현재로서는) 저밀도 영역에 위치하며 공공·민간 행위자가 모두 참여하였다.

제네바: 론 지역 급행열차(완성) 이 사업은 기존 인프라를 이용하여 제네바 중심부와 제네바주 서부 지역 사이의 열차 서비스를 개혁하는 것이다. 저밀도 도시 지역에 위치한 이 프로젝트는 지역 차원에만 영향을 끼쳤다. 원래 프랑스-스위스 국경(라 플레인)에 있던 터미널은 이후 프랑스의 벨가르드로 확장되었다.

제네바: 프레일-바쉐-드-페세 허브(완성) 이 사업은 도시 남부로의 접근성을 재검토하고 재설계하는 것이다. 고속도로와 주요 대중교통 허브가 만나는 곳에 위치한 이 프로젝트는 베른의 방크도르프 프로젝트(축구 경기장, 쇼핑센터, 호텔 및 문화시설, 대중교통 환승 주

차장과 기차역)와 매우 유사하며 민간 행위자(경기장과 쇼핑센터 개
발자)의 비중이 높았다.

로잔: 로잔–에샬렌스–베흑쉐 확장(완성) 이 사업은 역내 철도 서비스를
도심까지 확대하고 새로운 터미널을 허브로 삼는 것이다. 고밀도
지역에 위치한 이 프로젝트는 로잔의 상업지구를 재구성하는 것
을 목표로 하며 공공/민간 파트너십을 포함한다.

이 여섯 가지 사례 연구는 교통 및 도시개발 부문에 대한 임시 의
사결정의 다섯 가지 기초 원리를 조명해 준다(Kaufmann and Sager, 2006).

1. 임시적 조정을 용이하게 하는 제도적 구조

의사결정 과정에서 행정기관과 임시 위원회 간의 내부 조정은 중요
한 역할을 한다. 우리는 세 가지 측면에 주목했다.

- 각 기관의 역할이 명확하게 정의되어 있어야 한다. 바젤과 베른
  사례 연구에서 잘 드러나듯이, 명확한 조직 형태는 각 행위자들
  이 역할과 입장을 분명히 하게 했다. 세 개의 독일 사례 연구에서,
  임시 위원회는 각 행위자의 애매한 역할 문제에 부딪히지 않았고
  정치와 기술 간의 구분도 공식화되었다.
- 의사결정 과정과 관련된 행위자들의 네트워크가 제안을 내놓기
  까지 걸리는 시간도 중요했다. 바젤의 S-반 사업과 제네바의 프레
  일-바쉐 허브 사업의 착수 국면에서처럼 개방적인 행위자 네트
  워크를 가진 시스템은 프로젝트 논리에 대한 권력투쟁도 가능하

게 했다. 이와 대조적으로, 재정적 관련이 있는 행위자들로만 구성된 폐쇄적 네트워크를 가진 시스템은 프로젝트 논리를 옹호했다. 관련 행위자들의 범위가 목표에 따라 달라지므로, 임시 위원회는 쉽게 의사결정을 할 수 있었다.

• 임시 위원회의 효율성은 어느 정도 중재자의 부재에 기인한다. 이런 상황에서는 권력투쟁보다 프로젝트 기반의 역학 관계가 중시된다. 베른 사례 연구에서 인터뷰한 일부 사람들은 이 세 번째 측면을 임시 의사결정의 '황금 규칙'이라고 불렀다.

2. 조정을 위한 인센티브로서의 자금 지원

재정 인프라의 조정이 가져온 변화는 지역 행위자들이 사업에 가담하도록 자극한다. 스위스 연방(다시 말해, 국가)의 자금 지원 덕분에 여러 프로젝트가 자금을 지원 받았다. 로잔-에샬렌스-베흑쉐 확장 사업과 클라라그라벤 경전철은 각각 4,000만 스위스프랑을 받았고, 이는 주정부 총 투자액의 15퍼센트에 해당했다.

재정계획은 도시계획과 교통 집단 간의 협상과 조정을 이끈 주요 인센티브였다. 정치적 목적을 규정한 법률들이 사업을 착수할 논거를 마련해 주었지만, 아이디어를 실제 프로젝트로 옮기는 국면에서 인센티브 관련 법이 결정적인 역할을 했다.

3. 기회나 장애로 작용하는 기존의 형태지리적 맥락

우리의 사례 연구는 형태지리적 맥락이 해당 문제와 어떤 관계를 갖는지도 보여 준다. 제네바와 로잔에서 인터뷰한 사람들 대부분은 미래의 도시화와 대중교통 인프라를 쉽게 연결지어 생각하지 못했다. 로잔의 한 관리자는 "사람들은 고속도로를 따라 정착합니다. 우리가 그걸 두고 할 수 있는 것은 아무것도 없습니다."라고 말했다. 그는 이렇게 말하는 이유로 현재 로잔 지역의 도시 확장 현상과 토지 이용 계획에 관한 지방자치권을 들었다. 프레일-바쉐 허브도 자동차 중심 모형에 따라 도시화된 지역 개발계획을 다중적인 형태로 전환하는 일이 얼마나 어려운지를 보여 주었다. 이와 반대로, 베른의 방크도르프에서 도시화와 공공 교통이 분리할 수 없는 형태로 조합된 것은 과거의 정치적 선택 덕분으로, 이 사례는 도시계획과 교통기술 전문가들의 문화 형성에 모델 역할을 했다.

4. 공유된 환경 표준의 촉매 효과

생태학적 인식은 도시계획 및 교통의 조정에 영향을 미친다. 연방법(Opair, OPB)과 주법(공공 교통에 대한 제네바법)으로 규범화된 이 가치는 모든 사례 연구에서 중요하게 작용했다. 구체적으로, 생태학적 가치의 촉매 효과는 뮬러(2008)의 정의에서처럼 공공 행위 표준 문제와 밀접하게 연관되어 있다. 생태학적 가치가 모든 관련 행위자들에 의해 공유될 때(실제로 생태학적 가치가 기본적인 교통정책과 개발 정책의 일부가 될 때) 그 영향은 더욱 크다. 바젤의 S-반 국경 횡단 그린 라인이 가장 좋은 예다. 이 프로젝트는 원래 스위스에서 시작되었지만 모든 관련 행위자들이 생태학적 가치를 공유했다. 당시 프랑스에서는 생태학이 정치적 의제의 일부도 아니고, 공공 교통이나 개발 기준의 중심 주제도 아니었던 터라 이 프로젝트에 큰 열의를 보이지 않았다. 그러나 회의론에도 불구하고 생태학적 중요성을 확신한 스위스 파트너들이 밀어붙인 덕분에 프로젝트는 완성되었다.

5. 전문가 문화의 양면적인 영향

연구 결과, 전문가 문화와 관련하여 두 가지 요소가 중요했다.

- 조정 과정에서는 다양한 전문가 문화가 강점으로 작용했다. 관련 행위자들이 재정적으로 연관되어 있고, 성공 열망을 공유한 임시위원회에서 특히 그러했다. 다양한 경험과 작업 방식들은 프로젝트의 풍부한 원천이 되어 주었다. 그러나 네트워크가 매우 개방적이거나 제도적 권력투쟁이 특징적인 경우에는 전문가 문화의 다양성이 오히려 갈등의 원인으로 나타날 때가 많았다.
- 조정은 전문가 문화를 구성하는 요소다. 엔지니어들과 도시계획 전문가들 사이의 '임시적 조정 문화'가 약했던 제네바·로잔·바젤에서 진행된 프로젝트들은 교통 기반(LEB, 론 지역 급행열차, S-반 그린 라인)이거나 개발 기반(프레일-바쉐 허브)이었고, 어느 쪽이든 조정의 목표는 다른 분야와의 연계를 만들어 내는 것이었다. 이는 상호적인 통일성을 창출하는 데 어려움을 야기하기도 했다. 이를테면 프레일-바쉐 허브에서는 쇼핑센터, 컨벤션센터, 호텔의 위치 선정이 대중교통 기반 인프라와의 연계 가능성을 제

한했다. 클라라그라벤 경전철의 경우에는 조정을 맡아야 할 위원회 내부에 알력이 빚어지기도 했다. 론 지역 급행열차와 바젤 그린 라인 사업에서는 연계가 전혀 이루어지지 않아 도시계획 측면에 혼선을 일으켰다. 반면에 베른은 도시계획과 교통 차원을 프로젝트 시작 단계부터 하나로 통합하는 강력한 임시 조정 능력을 보여 주었다.

임시 의사결정의 이 다섯 가지 촉매는 서로 동떨어진 것이 아니라, 결정의 역학 속에서 구조와 순서로 작용한다. 분석 결과, 임시 의사결정에 영향을 주는 세 가지 주요 영역을 발견하였다.

첫 번째 영역: 정당성에서 열망까지

환경에 대한 우려가 정당성을 얻을 때, 도시계획과 교통의 연계는 대중교통을 지향하게 될 때가 많고, 이는 조정 차원에서 주요한 열망으로 나타난다. 반대로, 생태학적 의식이 덜한 상황에서 두 분야 간의 연계는 그다지 발달하지 못하여 도로망으로 귀결될 때가 많고, 조정해야 할 목표도 약해진다.

여기서 여러 요소들은 지역 층위의 당파적 권력투쟁 쪽으로 기울어질 가능성이 높다. 이 권력투쟁은 생태학적 행위의 정치적 정당성을 확립하는 데 도움을 준다. 여기에는 전문가 문화와 형태지리적 맥락이 결합되어 있으며, 두 가지 모두 도시계획과 교통수단을 연계시킬 가능성의 장을 규정하는 데 중요한 방식으로 기여한다.

행위자가 관여하는 범위, 즉 운영 절차의 질적 측면을 결정하는 범위는 암묵적으로 이러한 요인들에 달려 있다.

두 번째 영역: 권력투쟁에서 행위까지

사례 연구를 통해 (프로젝트 단계나 전체 과정에 해당되는) 두 가지 지배적인 의사결정 논리를 확인할 수 있었다. 첫 번째는 행위자들이 권력투쟁에서 서로 대치하는 논리인데, 여기서 가장 중요한 문제는 어느 한 행위자의 지배권을 인정하거나 확인하는 것이다. 두 번째는 행위자들이 공동의 목표를 향해 협력하는 논리다. 여기서 가장 중요한 문제는 프로젝트를 실현하는 것이며, 어떤 타협이 도출되는지는 중요하지 않다.

여기서 여러 요소들은 권력투쟁이나 프로젝트 기반 논리 중 하나로 기우는 경향이 있다. 특히 환경과 관련된 가치와 목표의 공유, 행정기관 내 제도적 가이드라인의 투명성, 프로젝트와 직접 관련된 행위자들의 네트워크, 국가의 자금 지원 가능성 등은 모두 행동을 촉진한다. 반대로 환경 측면에서 취약한 정당성, 혼란스러운 제도적 가이드라인, 각 부분으로 갈린 전문가 문화와 관련 행위자들의 열린 네트워크 등은 갈등을 낳는다.

세 번째 영역: 열망과 행위 논리에서 프로젝트까지

해당 프로젝트에 대한 행위자들의 목표와 관여가 모범적인 조정으로 자연스럽게 이어지는 것은 아니다. 교통과 개발 간의 조정은 법적인 틀 안에서 이루어져야 한다. 더 구체적으로 말하자면 계획, 법적인 틀, 자금 공급이 그러한 조정이 일어날 기회를 마련해 주어야 한다. 예를 들어 바젤의 S-반과 도시화의 관계, 그리고 그 법적 결과는 모범적인 조정을 보장해 주었다.

법적인 층위에서, 조정 노력에 대한 재정적 인센티브로 작용할 수 있는 연방 및 주정부 차원의 법 제정이 부족할 때가 많았다. 이는 자금 조달 프로젝트에서 조정이 자산보다 더 큰 장애물이 된다는 것을 의미한다. 로잔 LEB 연장 사업이 대표적인 예다. 프로젝트를 위한 연방 자금 조달은 철도의 입법 담당 부서의 몫이었으므로, 이곳만이 연방 입법부와 관련이 있고, 이 부문만이 연방의 자금 지원을 요구할 책임이 있었다.

맥락적 차이

교통 인프라와 도시개발의 관계에는 맥락에 따른 차이가 존재했다. 도시개발과 교통을 조정한다는 목표는 바젤과 베른보다는 제네바와 로잔에서 더 제한적이었다. 환경 차원에서 정당성이 약했고, 예전 정책의 결과로 인해 수용력이 낮았기 때문이다.

프랑스어 사용 지역 사례들과 클라라그라벤 트롤리 사업의 경우, 목표가 불분명했고 그 결과로 프로젝트의 조정 목표나 그 구상을 확실하게 하려는 노력마저도 갈팡질팡하게 되었다. 그러나 방크도르프 허브와 바젤 그린 라인 프로젝트는 애초에 행위자들이 설정하고 공유한 목표를 충족시켰다.

조정의 목표들은 프로젝트의 발전을 위한 다양한 방법 및 기회와 밀접하게 연관되어 있다. 그러므로 우리는 계획의 결과로 기회를 포착한 경우와 국가와 연계된 자금 조달 기회에 편중된 경우를 구분할 수 있다. 전자는 베른의 방크도르프 허브, 바젤 그린 라인, 제네바의 론 지역 급행열차(이 계획은 도시화와 대중교통 인프라를 연결하는 어떠한 계획도 마련하지 않은 2005년 대중교통 프로젝트의 일부였다)와 같은 야심 찬 프로젝트들이다. 반면에 로잔의 LEB 확장, 제네바의 프레일-바쉐 허브, 바젤의 클라라그라벤 경전철은 모두 외부 자금 조달 기회를 포착한 프로젝트들이다.

의사결정 측면에서 행위자들의 모빌리티는 그들의 아이디어, 협력, 추진력, 협상 능력에, 또 기존의 형태지리적·사회적·문화적 맥락에 좌우된다. 그러나 더 중요한 것은, 환경의 수용력 변화가 환경을 만들어 낸 과거의 결정들(인공물, 인프라, 사회적 관계, 생활 방식을 낳은)에 어느 정도 달려 있다는 것이다.

5.5.2 공공 행위의 장기적 모빌리티: 경로와 변화

임시 의사결정 이면의 동기를 알아보았으므로, 이제는 이 결정들이 환경에 미치는 장기적인 영향을 살펴볼 차례다. 의사결정은 물질적인 것이든 아니든 어떤 실현으로 귀결되고, 이 실현은 환경을 변화시킬 가능성이 높다. 결정이 해당 환경에 끼치는 영향은 맥락에 따라 다르다. 즉, 그 영향의 정도는 그것이 기존 맥락에 수용되느냐의 여부에 달려 있다.

이 문제를 더 심도 있게 따져 보기 위해, 여섯 도시(독일의 올덴부르크와 칼스루에, 프랑스의 클레르몽-페랑과 그레노블, 스위스의 로잔과 바젤)에 대한 비교연구 자료를 검토할 것이다. 두 가지 차원에서 이 자료들이 선택되었다. 첫 번째로, 독일·프랑스·스위스에서 행해진 국제 조사는 비교 가능한 규모의 도시들(3~6만 명)을 대상으로 각 국가의 법률 및 규범이 미치는 영향과 전체적인 참조 틀을 조사했다[Pflieger et al. 2008].

두 번째로, 이 조사의 대상은 자동차 소유율과 일상 교통수단의 비율을 기준으로 측정한 통근 관행을 기준으로 선정되었다. 각 나라마다 자동차 이용률이 높은 도시 하나와 다른 교통수단이 많이 사용되는 도시 하나를 골랐다. 연구 목적에 부합하는 사례들을 검증하고 비교하기 위해, 우리는 교통수단 이용 측면에서 극과 극의 도시들을 선택했다.

우리는 세 가지 종류의 자료를 가지고 1950년부터 2000년까지 교통과 도시화의 궤적을 분석했다. 1960년대 이후 교통과 도시개발에 관한 지역 언론 기사, 주요 개발사업에 대한 문서와 공식 보고서, 그리고 의사결정 담당자, 선출직 공무원, 기술자(현직/은퇴), 관련 이용자 협회 대표, 정치인들과의 인터뷰가 그 자료들이다. 인터뷰에서 제시한 질문과 문서들은 10~15년 전의 기억을 떠올리게 하기 위해

만들어진 것이다.[1]

지난 50년간 각 도시들의 공공 행위가 보여 준 궤적, 발전 경향과 변화를 역사적으로 상세하게 기술한 보고서 여섯 개가 작성되었다. 이에 의거하여 교통정책과 도시개발의 근저에 놓인 세 가지 측면을 파악할 수 있다. 재생산reproduction, 혁신innovation, 우연contingency이다. 여섯 개 도시 모두에 이 세 가지 측면은 다양하게 존재했다.

재생산

클레르몽-페랑 및 올덴부르크의 도시개발과 교통정책의 역사는 그 규칙성, 연속성, 누적성 때문에 재생산이 장기적으로 되풀이되는 상황의 전형이었고, 혁신이나 우연성은 거의 나타나지 않았다.

클레르몽-페랑의 관성은 공간 조직이라는 기능주의적 이상에 의거해 유지되었다. 이는 두 가지 주요 요인에 의존하는 인지적 유형의 변수였다. 하나는 도시 중심부의 사회적 특수화 정책으로, 또 주민들이 이를 회피하기 위해 사용하는 전략에 따라 형성된 공간 형태다. 다른 하나는 사회적 분열을 가져온 도심/교외 개발과 함께 진행된 도로 인프라다. 지금까지 클레르몽-페랑의 관성을 방해하는 사건은 일어나지 않았다.

클레르몽-페랑의 의존성이 밟아 온 경로를 이야기하는 것은 어

---

[1] 최근 5년 동안 진행된 도시 프로젝트와 교통정책들은 시간적 거리가 충분하지 않아 이 연구에서 제외했다.

Paris 2011 - Fanny Steib

려운 일이다. 이곳의 개발은 공공 지원 주택 건설이 피할 수 없는 비연속성에 토대를 두고, 분산적인 프랑스 공공사업 기관들이 추진해 온 고전적인 공간 조직 모델과 도로망을 대표한다. 이러한 인프라적 이상은 안정적인 정치/제도적 관리와 이 도시에 자리 잡은 세계적인 타이어 회사 미슐랭이 주도한 타이어산업의 경제적 지배로 더 강화되었다. 1945년에서 1997년 사이에 클레르몽–페랑의 시장은 딱 한 번만 바뀌었다. 50년대 초반에는 가장 복잡한 트롤리 노선이 깔려 있었지만, 자동차산업이 성장하면서 자동차 사용이 늘어나 트롤리 노선을 철거해야 했다. 이 '미슐랭의 도시'는 1960년대 내내 공공주택정책의 구조를 조정했지만, 미슐랭사는 슬슬 클레르몽에서 발을 빼기 시작하다가 그 책임을 도시에 떠넘겼다. 이 단계에서 시는 인구통계학적 안정을 위해 공공주택을 대량 조성하였다. 일부 혁신 시도들이 있었지만 프랑스 최초의 도심 쇼핑몰 중 하나인 조드 센터처럼 결국 기존 진행 방향을 따르는 경우가 많았고, 대중교통 문제가 그러했듯 지배적인 추세에 역행하는 혁신은 성공하지 못했다. 1970년대 말, 대중교통 개선을 위해 전용 주행로 교통수단이 일부 도입되었으나, 후속 개발사업들은 자금 부족으로 진행되지 못했다. 80년대 말에 공산주의자들은 자동차 사용 제한을 위해서라기보다는 파산 위기에 처한 도시 대중교통의 개선에 초점을 맞춰 전용 주행로 교통수단 도입을 다시 추진해야 한다고 주장했다. 그러나 1995년이 되어서야 도시 남북을 잇는 트롤리 사업 계획이 제시되었다. 2001년 사회당의 세르게 고다르 시장 주도로 클레르몽시는 관런 장비 입찰을 시작했고, 2006년 이후로는 타이어 트롤리가 1호선에서 운행되었다. 그러나 제한적인 국가 자금 지원으로, 일반적으로 트롤리 사업에 수반되는 조치들(시내 중심부에 대한 자동차 접근 제한 및 도시 재개발 정책)은 실행되지 못했다.

비슷한 과정이 1955년부터 1981년까지 사회민주주의자 한스 플라이셔가 시장을 맡았던 올덴부르크에서도 일어났다. 전쟁 직후 새로운 공공주택사업이 진행되었고, 도심에 집중하기보다는 개발을 분산시켜서 도시의 형태를 변화시켰다. 그 결과, 1950년에서 1960년 사이에 구도심 인구의 40퍼센트가 줄어들었다. 올덴부르크를 베저엠스현의 모범으로 삼기 위해 니더작센주가 도로 인프라에 투자하면서 도심 진입로를 갖춘 고속도로가 건설되었다. 이 새 도로는 자동차 소유 확대가 가져온 직접적인 결과였다. 나날이 증가하는 교통 흐름을 관리하려면 개발 부문과 교통 분야가 하나로 묶여야 했다. 이미 1964년에 도심 진입 도로의 교통량은 일간 2만 1천 대로 최대 수용량에 도달했다. 주차장 건설과 도보 전용 구역의 조성이 최우선 과제가 되었다. 1967년, 시 당국이 실내 주차장을 짓기 위해 구도심에 마련했던 부지가 독일 최초의 보행자 전용 지역이 되었다.

이 변화들은 서로 관심사가 크게 달랐던 경제행위자들과 거주자들 및 당시 크게 성장한 환경보호운동 사이에 수많은 갈등을 촉발했다. 환경문제를 인식하고 도시교통정책 방향을 대중교통으로 바꾸려는 시도들은 낮은 도시밀도(대중교통 서비스의 수익률을 약화시키는), 자전거와의 경쟁, 잘 닦인 자동차 도로망으로의 손쉬운 접근성 등으로 인해 연달아 실패하였다.

수십 년 동안 대중교통 이용률이 계속 줄어들었고, 도시교통 연구 보고서(1994)가 굵직한 개선 사항들을 제안했으나 거의 변화가 없었다. 다만, 규모는 작았지만 철도가 올덴부르크 지역에서 대중교통 르네상스를 일으켰다. 2000년에 코넥스의 자회사와 오스나뷔르크시의 대중교통 회사는 일정, 속도, 정확한 배차 시간, 하드웨어에서 큰 향상을 보였고 이 노력은 금새 성과로 이어졌다. 승객 수가 각각 70퍼센트, 50퍼센트씩 증가했다. 그러나 이러한 성공에도 불구하고, 칼스루에에서 오랫동안 일한 트롤리 책임자가 제안한 브레메 지역 트롤리 개발계획은 수요 부족으로 연기되었다. 올덴부르크의 궤도를 바꾸려는 혁신은 현실 시스템의 강력한 관성에 밀려났다.

혁신

그르노블과 로잔은 사회적·정치적 개입이 기존의 방향을 바꾼 사례로 볼 수 있다. 두 사례 모두 이전의 발전 방향 및 모델에 대한 반발이 혁신 전략과 결합되었다. 초기의 도시 조직 모델에 대한 비판의 결과로, 도시화와 교통수단의 관계에 대한 새로운 아이디어를 제시했다는 점에서 이 변화는 혁신적이었다. 두 도시 모두에서 혁신은 나름의 방식을 통해 재생산으로 이어졌다. 그르노블의 트롤리 사업은 흑자로 돌아섰고, 로잔에서는 CIURL(로잔 지역의 도시화에 관한 지역 간 위원회Commission Intercommunale d'Urbanisme de la Région Lausannoise)에 의해 향후 30년 동안 로잔 교통정책의 '로드맵'이 되어 줄 1973년의 도시 일반 발전 계획과 같은 대규모 개발계획이 수립되었다.

1970년대 말까지 그르노블은 클레르몽-페랑과 거의 같은 궤적을 그렸다. 그르노블이 클레르몽-페랑보다 좀 더 천천히 진행되기는 했지만, 두 도시 모두 강력한 공공주택정책과 새로운 고속도로 인프라를 기반으로 발전했다. 그러나 1970년대 말에 들어 지역 층위에서 공공 행위의 방향이 바뀌었다. 트롤리 건설 계획이 언론의 많은 관심을 받았지만, 이 변화는 서비스 창출 면에서의 변화만이 아니라 강력한 허브를 중심으로 구조화된 도시 규모의 정책 변화였다.

트롤리 건설 계획은 1983년 지방선거 운동에서 쟁점으로 떠올랐다. 위베르 뒤베두 시장은 이 사업을 공약으로 내걸었고, 우파는 트롤리 사업을 주민투표에 붙이자는 역제안을 내놓았다. 선거에서 당선된 알랭 카리뇽은 3개월도 채 지나지 않아 주민투표를 실시했다. 그르노블 주민들은 53.09퍼센트의 찬성표를 던져 우파가 다수인 상황에서도 사업에 정당성을 부여했고(아직까지도 모 정당이 이 사업에 공공연히 적대감을 표하기는 하지만), 우파 시장은 국가 특별보조금을 요청해야 하는 처지에 놓였다.

트롤리 계획은 도심과 교외의 이해관계를 절충하는 협상 카드로 사용되었다. 알랭 카리뇽은 대중교통을 기반으로 한 도심 개발에 찬성한다고 했는데, 그의 목표는 인구 편성에서 도심의 역할을 강화하고 민간에 더 많은 주도권을 넘기는 것이었다. 카리뇽은 도시 내 토지시장을 자유화했고, 트롤리가 부동산시장에 미치는 영향에는 어떠한 방안도 내놓지 않았다. 도시 재개발 보조금 덕분에 트롤리는 운행되기 시작했고, 각 지방자치체들도 비용을 절감하면서 개발 프로젝트를 진행할 수 있었다.

그런데 1980년대 말, 자동차를 제외한 기타 교통수단을 이용한 도심 지역 접근성 향상이라는 목표는 교통량 개선이라는 또 다른 목표에 가로막혔다. 남부순환도로가 2차선에서 4차선으로 확장되고 남북 연결 구간도 확장되었으나, 대중교통 서비스를 도심 바깥으로 확장하는 문제는 고려조차 되지 않았다. 그 결과, 30만이 거주하는 이 도시의 지역 철도 서비스 부족 문제는 해소되지 않았다. 도시 외곽 지역에서는 자동차 운행을 지향하는 흐름이 계속되어 도시 공간 악화, 교통체증, 도시 확장 현상이 강화되었다. 기존의 관성을 유지하는 외곽 지역의 특성은 도심 교통량을 제한하는 정책을 도입한 앞서의 혁신에 부분적으로 책임이 있다.

로잔에서는 재생산 과정이 혁신 과정보다 강했다. 심지어 제도가 급격하게 바뀌면서 전체 개발 방향을 전환시켜도 변화를 유발하지 못했다.

로잔은 1950년대 서유럽의 전형적인 도시개발 방식을 따랐다. 대중교통망이 쇠퇴하고, 기존의 트롤리 전차 시스템이 해체되었으며, 자동차 붐이 일어났다. 1964년 제네바와 로잔을 잇는 고속도로가 처음 개통된 직후, 재생산 과정은 미래의 교통에 대한 비전을 개발할 책임을 맡은 통합적 의사결정 기구의 창설과 함께 제도적 차원에서 변화의 조짐을 보였다. CIURL(Communauté intercommunale d'urbanisme de la région lausannoise)은 1968년에 만들어졌다. 스위스의 프랑스어 사용 지역에서도 상당히 이른 시기에 만들어졌을뿐더러, 당시에도 또 지금까지도 받아들여지기 힘든 지역적 자율성을 지녔다. 1973년 야심 차게 착수된 로잔 지역의 첫 번째 종합개발계획은 계획 및 개발 방식을 재고해야 한다고 제안했다. 로잔 시장 조르주 앙드레 슈발라는 계획 헌장에서, 로잔은 도시의 집적화 현상에 직면해 있으며 도시계획과 지역계획은 공익을 위한 개인 자유의 희생을 필요로 한다고 확언했다. 그는 심지어 "지역 개발 기본 계획은 특정 지역사회가 독자적으로 결정한 계획을 용납하지 않는다. 우리는 상호 배려와 희생을 요구한다"고까지 했다. 자동차 사용의 증가가 사람들의 행위를 지리적으로 분산시키는 문제에 대응해야 할 때, 지역 개발 방식은 큰 효과가 없다는 사실을 이 기본 계획은 확인시켜 준다. 특히, 지역 간 협력이 아직 자리 잡지 못하고 개발 가능 구역 바깥에 건물들이 대량으로 들어설 때에는 더 그렇다. 바람직하지 않은 상황에 대처하기 위해 1973년의 지역 기본 계획은 ① 로잔 지역에서 개발 가능 지역을 더 이상 확장하지 말고, ② 각 지역에 가장 알맞은 교통수단을 채택하여 교통 시스템을 개선하고, ③ 도심지 이외의 중심 지역들을 개발하고, ④ 중요한 장소를 보존해야 한다고 제안했다. 그러나 인구가 집중된 지역들에서는 이 제안이 너무 많은 제약을 담고 있다는 이유로 부결되었고, 이는 CIURL의 해체로 이어졌다. 그 후신으로 조직된 COREL(로잔 지역 내 공동체Communauté de la Région Lausannoise)은 지역들 간의 협의를 더 중시하면서 어느 정도 후

퇴한(즉, 덜 야심 찬) 목표를 내걸었고, 새로운 기본 계획의 개발을 포기했다.

대도시의 혁신 시도는 자치체와 충돌했다. 제도적 실패를 겪은 후 로잔은 클레르몽-페랑이나 올덴부르크와 유사한 방향으로 궤도를 수정하려고 했지만, 이마저도 제대로 진행되지 못했다. 그러나 지역 간 기본 계획이 공식 폐기되긴 했어도, 여기서 제시되었던 주요 프로젝트들은 차례로 완공되었다. 로잔 남서부의 트롤리(현재의 M1), 로잔-에샬렌스-베흑쉐 철도의 도심지 연장, 오시-로잔 중심지-에팔랑쥐까지의 지하철 노선, 교통환승 주차장 건설 등이다. 기본 계획은 지난 30년 동안 로잔의 교통과 개발정책에 대한 사실상의 '로드맵' 역할을 해 왔다. 따라서 혁신의 힘이 재생산으로 연결되었다고 볼 수 있다.

우연

칼스루에와 바젤에서 나타난 세 번째 측면은 우연이다. 이 두 도시의 아주 특수한 우연적인 선택은 교통 분야에서의 일반적인 선택과 달랐다. 두 경우 모두, 초기의 우발적인 선택이 안정적인 인지적·제도적 틀 덕분에 강화 및 재생산되었으며, 혁신이 정착될 계기를 마련했다.

바젤과 베른처럼, 칼스루에는 전쟁 이후 트롤리 시스템을 폐기하지 않은 소수의 서유럽 도시들 중 하나다. 두 개의 우발적이고 연속적인 사건이 지역적인 특수한 맥락에 중요한 영향을 주었다. 20세기 초, 도시의 기차역 이전은 도심 내 트롤리 노선 주위로 여러 환승역들이 만들어지게 했다. 1970년대 말, 도시의 대중교통 시스템을 이끈 세 사람은 '트롤리-트레인trolley-train'이라는 새로운 대중교통 개념을 제시했다. 1715년에 수립된 이래로 칼스루에시는 도시 혁신의 상징이었고, 주요 공공사업과 공동체적 협력 면에서 도시 문화의 기념비적 존재였다. 철도 문제에 대응하여 기차역을 옮긴 첫 번째 전환이 두 번째 전환을 가능하게 한 것도 이 도시의 역사에서 특기할 부분이다. 1843년 칼스루에 중앙역이 크리그스트라세 근처 남부에 세워졌다. 1902년에 바덴 주정부는 중앙역을 옮기기로 결정했다. 1913년에 실행된 이 조치는 한 가지 큰 단점이 있었다. 칼스루에 남부에서 운행되던 알브탈반 철도 라인이 중간에 끊겨서, 중앙역으로 가려면 트롤리로 갈아타야 했다. 1957년 칼스루에시는 이 불편을 개선하기 위해 알브탈반 철도를 매수한 뒤 개조했고, 1958년 도시 트롤리 네트워크의 일부로 포함시켰다. 이는 칼스루에 대중교통 모델의 기원이 되었다.

칼스루에시는 사실 대중교통수단이 특별히 발달한 곳이 아니다. 칼스루에는 독일에서 자동차 소유율이 가장 높은 도시 중 하나다. 개발 전통의 차이만으로는 도시 곳곳에 퍼져 있는 트롤리 시스템이 지속된 이유를 설명하기 어렵다. 예를 들어, 1958년 시의회는 급격한 자동차 증가로 인해 새로운 주차 공간을 확보하는 긴급조치를 시행하기도 했다. 그러나 칼스루에에서는 전후戰後 일반적인 흐름이던 트롤리 폐지가 이루어지지 않았다. 트롤리 노선을 버스로 대체하자는 제안은 시가 알브탈반 노선과 트롤리 노선을 연결하는 데 거액을 투자했다는 이유로 받아들여지지 않았다. 1960년 귄터 클로츠의 주도 하에 시의회는 트롤리 노선을 유지하고, 더 확장하기로 결정했다. 당시 모든 주요 정당에 트롤리 지지파와 반대파가 혼재해 있었지만, 오늘날까지 트롤리가 유지될 수 있었던 것은 교통정책의 선구자이자 철도 지지파의 핵심 인물이던 클로츠 시장 덕분이었다. 이때부터 칼스루에 대중교통 시스템의 현대화와 확장이 추진되었다.

혁신 대상이 도시계획에서 대중교통으로 전환되면서, 새로운 모델인 트롤리-트레인을 발전시킬 길이 열렸다. 중앙역에서의 환승 문제는 칼스루에 지역 대중교통에서 가장 불편한 점으로 꼽혔다. 도심과 외곽의 연결 문제를 해결하기 위해 세 명의 기술자들은 지역 상황에 맞는 새로운 대중교통 모델을 고안했다. 트롤리를 지역 열차 선로에 올리자는 발상을 한 사람은 서로 친구이기도 한 세 사람이었다. 칼스루에대학을 나온 게르하르트 번스타인 교수, 독일 철도회사의 호스트 에메리히, 도시 및 지역 대중교통 책임자였던 디터 루트비히는 교통산업 및 도시 연구 부문에서 함께 핵심적인 역할을 했다.

1983년 트롤리-트레인이 칼스루에와 브레튼 사이를 시범운행했다. 인구 밀집 지역에는 더 싼 균일 요금과 새로운 역 신설이 필요했다. 새로운 트롤리-열차 노선과 함께 시간 차감법, 균일 요금, 환승 계획, 급행 노선도 제안되었다. 1985년과 1999년 사이에 승객 수는 6천 2백만 명에서 1억 3천만 명으로 약 2배 늘어났다. 철도망도 88

킬로미터에서 400킬로미터 이상으로 연장되어 도심과 도시 교외가 바로 연결되었다.

바젤에서도 이와 유사한 우발적인 요인들이 존재했다. 바젤의 주요 정치 문제이기도 했던 트롤리 노선이 유지된 것은 순전히 우연적인 요소 덕분이었다. 우연은 도시 층위에서 정착되어 도시의 역사를 형성했다. 주차할 장소가 부족해지면서 도시 내 자동차 진입을 제한하게 되자, 그 당시로서는 혁신적인 대중교통과 가벼운 형태의 모빌리티 중심의 정책이 도입된 것이다.

그렇지만 이 정책은 분석의 틀을 더 확대하면 그리 인상적이지 않다. 주변 여러 나라들을 포함하여 관찰해 보면 바젤의 상황은 도심부 인구 정체의 결과이고, 프랑스와 독일뿐 아니라 바젤란트주에서 나타난 (특히 상업적인) 활동의 분산이 가져온 결과다.

공공 행위에서의 가능성의 장

우리가 강조한 이 세 가지 메커니즘은 공공 행위 측면에서 서로 다른 맥락이 다른 가능성을 낳는다는 것을 보여 준다. 앞에서 예로 든 도시들에서는 각기 다른 중요도와 독특한 구성을 갖는 기술적·형태학적·정치적·제도적 관성이 존재했다. 우리는 총체적인 변화와 교체, 정치적 참여가 변화의 절대적 매개라고 믿지만, 이는 착각이다. 어떤 곳에 새로운 전용 주행로 교통수단을 도입하는 일이 미치는 진정한 영향은 체계적인 접근으로만 이해할 수 있다. 이를테면 로잔에서는 주요 교통 프로젝트들이 제도적 맥락에서의 지원 없이 실현되었다.

교통정책 문제에서, 어떤 기회들이 갖는 특수한 성격은 공공 행위를 결정론적으로 인식하는 관점, 즉 공공 행위가 시간의 완고함 앞에서 무력하다고 보는 관점의 한계를 드러낸다. 특정한 환경은, 물론 우리가 그 환경을 가로지르는 수많은 경로를 염두에 둘 때, 특수한 행위를 가능하게 한다. 어떤 행위는 맥락과 조화를 이룰 수도, 그 반대일 수도 있다. 전용 주행로 대중교통수단 개발 측면에서 칼스루에와 그르노블은 비슷한 맥락이었다. 두 도시 모두에서 새로운 인프라와 구조의 창출은 유리한 규범과 가치의 지원을 받았고, 도시 형태(칼스루에의 조밀한 도시화와 그르노블의 밀도)도 그 실현을 쉽게 해 주었다. 이와 달리, 클레르몽–페랑과 로잔의 타이어 트롤리와 경전철은 두 도시의 지배적인 맥락과 분명히 들어맞지 않았다. 제도도, 도시 형태도, 규범이나 가치도 이 교통수단들을 뒷받침하지 못했다.

교통정책 변화는 도시에 따라 '지역화'한다. 예를 들어 교통수단의 교체를 목표로 하는 정책을 취할 경우, 그 실행에 필요한 수단은 다음과 같이 각기 다르게 나타난다.

- 칼스루에의 경우, 교통 및 도시계획 정책은 혁신의 진행과 긴밀하게 연결되어 있었고, 따라서 새로운 해결책을 시험하기에 좋은 비옥한 토양을 마련해 주었다. 결과적으로 새로운 아이디어가 구현되면서 공공 행위는 실질적인 실현으로 귀결되었다.

- 클레르몽–페랑의 경우, 강력한 사회적 · 기술적 관성이 존재했다. 교통수단을 변화시키기 위해서는, 공동체들 간의 강력한 연결을 가정하면서 도시의 사회적 분리를 최소화하려고 하는 도시 재개발 및 주택정책을 돌파해야 했다.
- 그르노블의 경우, 글로벌한 인식의 틀을 공유하는 환경이 만들어 낸 정치적 상황이 수많은 프로젝트를 실현시켜 주었다. 무엇보다도 이 맥락에서, 자동차 사용에 대한 대안 마련을 목표로 하는 정책이란 철도 공급을 늘려서 도시의 한계를 넘어서는 것을 의미한다.
- 로잔의 경우, 이 도시에서 나타난 제도적 측면을 고려할 때 교통수단 전환을 꾀하는 정책의 최우선 과제는 진정한 통합적 지역 기구의 창출이어야 하며, 다음으로는 그르노블이 70년대에 그러했듯이 표준의 공유가 이루어져야 한다.

5.6 결론

이 장을 시작하면서 우리는 공공/민간 행위자의 모틸리티가 근본적으로 비대칭성을 갖는다는 점에 주목했다. 대부분의 공공 행위자들은 모틸리티를 모빌리티로 바꾸어야 하지만, 재량의 폭이 넓은 민간 행위자들은 모틸리티를 모빌리티로도, 이동으로도 바꿀 수 있다. 덧붙이자면, 1980년대 이후 금융산업의 호황은 민간 행위자들이 이동 전략을 채택하도록 부추겼다.

다른 곳들과 경쟁하게 만든다는 점에서 이동 전략은 도시와 지역에 도전 과제를 제기한다. 여러 활동들과 여러 행위자들의 프로젝트에 대한 도시 및 지역의 수용력은 그 역동성의 핵심이다. 따라서 상황을 개선하고 민간 행위자의 이동 전략에 잘 대응하는 역량, 즉 공공 행위자의 모빌리티 역량은 필수적이다.

교통 및 도시개발 정책 차원에서 공공 행위자의 모빌리티와 관련된 요소들을 분석한 결과, 공공 행위자의 모빌리티는 행위자들의 협상 기술은 물론이고 그 형태지리학적·사회적·문화적 맥락에도 좌우된다는 것이 분명해졌다. 행위자가 내리는 결정에도, 그 결정의 구체화라고 할 수 있는 인공물, 인프라, 법률, 절차의 차원에서도 그렇다. 달리 말하자면, 결정 및 그 실현이 어디에나 똑같은 영향을 미치는 것은 아니다. 정치적 행위가 특정 공간에 미치는 영향은 어떤 맥락에 속하게 될 수밖에 없고, 이 맥락은 정책 차원에서 비교 가능하다.

결과적으로, '훌륭한' 실천은 특정 맥락에서만 훌륭한 실천이다. 환경의 기존 수용성 자체가 하나의 요인이며, 변화를 위한 기회들의 배분과 지역화를 낳는다는 것을 보여 주는 중요한 지점이다. 환경이 재생산의 논리를 따르는지 혁신의 전통을 지니는지에 따라 행위의 선택지는 달라질 수밖에 없다. 마찬가지로, 정책을 변경하기 위해서는 맥락이 제공하는 기회도 중요하다. 철도 인프라가 좋은 예이다. 철도 인프라가 취약하거나 존재하지 않을 때보다 잘 발전된 연결망을 갖추고 있을 때, 정치적 의지가 얼마나 강한지와 상관없이 도시개발 정책을 추구하기가 더 쉽다.

바젤, 클레르몽-페랑, 그르노블, 칼스루에, 로잔, 올덴부르크가 거쳐 온 경로를 살펴보면, 도시들은 수용력이 커지거나 줄어들 때 선순환의 고리나 악순환의 고리에 휘말릴 수 있다. 방향 전환은 칼스루에에서처럼 우연히 일어나기도 하고, 그르노블에서처럼 대규모 투자의 결과로 나타나기도 한다.

프로젝트에 대한 환경의 수용력 문제를 살펴본 결과, 공공 행위자들에게는 변화를 일으킬 모빌리티 실천 수단이 충분하지 않았다. 모두에게 의미 있는 비전을 공유하고 이를 조정하기 위해 노력하는 것만으로는 부족했다. 지역 안에 존재하는 모든 것들, 오랜 시간 동안 문화와 사회적 관계와 생활양식으로 자리 잡은 것들은 변화를 낳는 중요한 역할도 하지만, 반대로 부동성immobility을 강화하기도 한다.

6장

인공물과
모틸리티

Paris, Gare de Lyon 2011 - Fanny Steib

6.1 서론

5장에서는 환경의 물리적material 차원이 그 실체와 역학을 규정할 때 얼마나 중요한지를 보여 주었다. 물리적 인공물은 개인들의 계획을 실현할 발판이 되기도 하지만, 수용력의 범위와 성격, 다양성을 규정하는 데 기여하므로 사회적 행위자를 어떤 지역으로 끌어들이는 중심 역할을 하기도 한다.

6장에서는 도시의 물리적 차원을 더 자세하게 분석한다. 무엇이 도시(혹은 지역)를 지금의 모습으로 만드는가? 이 질문은 프로젝트 수용력에 관련된, 다시 말하자면 수용력을 강하거나 약하게 하는 구성 및 조건과 관련된 가능성의 장 속에서 도시의 물리적 차원이 맡는 역할과 도시성을 탐구하게 한다.

세 단계로 나누어 이 작업을 진행한다. 먼저 해야 할 일은, 실증적 분석을 활용하여 어떤 지역의 물리적 차원과 그 산물을 이해하는 일의 바탕이 될 분석 틀을 제시하는 것이다.

6.2 인공물과 누적

우선, 이 분석이 어떤 입장에 기반하는지를 다시 상기해 보는 것이 좋겠다. 우리는 행위자에게 맥락이 강요될 수밖에 없다거나 행위자가 문맥을 바꿀 수 있다는 이원론에서 벗어나, 이 두 가지 시각을 시간적 맥락에서 검토해 보아야 한다. 따라서 5장에서 보았듯이, 사회적 실천과 행위의 틀을 제공하는 세계를 형식적formal 세계와 실질적material 세계로 분리하는 상호배타적인 접근 방식은 고려하지 않을 것이다. 어떤 지역을 이해하려면 장기간에 걸쳐 누적된 바를 파악하는 것이 매우 중요하다. 이는 지역이 불가역성과 독특한 성격(즉, 나름의 궤적)을 갖는, 지우고 다시 쓴 양피지palimpsest라고 보는 건축가이자 역사학자 앙드레 코르보즈의 입장과 유사하다.

어떤 지역이란, 지우고 다시 쓴 양피지처럼 그 안에 오늘날까지 살아남은 과거의 모든 잔여물과 해석을 안고 있다. 새로운 시설을 만들거나 어떤 부지를 더 합리적인 방법으로 사용하면 완전히 그 모습이 바뀐다. 그러나 지역 자체는 변하지 않는 외피도 아니고 소비되거나 다른 것으로 바뀌는 상품도 아니다. 모든 지역은 각기 독특한 면모를 지니고, '재활용'되며, 그 위에 다시 무언가가 기록된다. 어떤 물리적 공간 위에 사람들이 써 내려간 예전의 말들은 새로운 것을 쓰기 위한 토양이 된다. 이것들도 역시 사라지겠지만, 그전에 오늘날의 필요에 부응한다(Corboz, 2001, p.228).

시간을 고려해야 한다는 말은 분석이 시작점에서만 시작해서는 안 된다는 뜻이다. 장소에는 언제나 뒷이야기가, 많은 유산들과 인공물들이, 흔적들이 존재한다.

사회적·공간적 형태를 지니는 온갖 모양과 크기의 인공물들은 과거에 진행되어 지금까지 공간적 영향을 끼치는 공공정책의 누적이자 어떤 환경에 대한 개인과 집단의 결정이 구체화된 것이다.

이 누적의 결과로 여러 주거지들이 보여 주는 공간적 차이는 행위자 모틸리티의 틀을 마련해 주는 맥락적이고 구조적인 요소가 될 수밖에 없다. 예컨대 도시 속의 사회적 차이들은, 말하자면 사회적 분리의 권력과 지리학은, 공공 행위라는 측면에서 가능성의 장을 지향한다(Orfeuil 2004). 도시의 교외에 빈곤 인구가 집중되는 현상은 동일한 사람들이 실제로 도심에 살았느냐고 질문하는 것과는 다른 방식으로 도심 접근성 문제를 바라보게 한다. 다른 예를 들어 보자. 정책과 개인/집단 행위의 누적이 만들어 낸 높은 인구밀도는 모빌리티 흐름의 증가를 결정하며, 교통정책에 관한 가능성의 장을 규정한다. 낮은 인구밀도는 수익성의 한계가 명백하기 때문에 전용 주행로 대중교통 시스템의 도입을 어렵게 한다(Bavoux et al., 2005).

6.3 장기적인 시간, 관성, 변화

인공물들이 누적되는 어떤 환경에서 장기적 시간이 중요하다고 할 때, 인공물들의 갱신과 변화, 가역성은 중요한 탐구 대상이 된다.

시간, '역사'의 무게, 과거에 행해진 공공 행위의 관성과 같은 문제들은 주로 세 가지 연구 분야에서 다루어졌다.

첫째, 1990년대 초부터 미국 바깥에서도 널리 알려진 **도시 체제 urban regimes** 개념은(Stone, 1989) 지역 정책을 시간적 차원에서 제시하려고 노력하였다. 여기서 사회적 행위자와 정책은 그 시간적 배치, 중요 역량, 파급력을 규정할 때 가장 중요하게 여겨진다. 최근 들어 도시 체제 개념을 확대하려고 한 모스버거와 스토커는 도시 체제가 단순히 환경에 발맞춰 나타나는 것이 아니라 장기적인 협력이 낳는 행위자들의 연합으로 구성된다고 강조한다(Mossberger & Stoker, 2001). 이 첫 번째 연구 방향에서, 도시나 지역의 물리적 생산은 사회적·정치적 연합의 안정성에서 비롯된다.

둘째, 도시계획가들은 피어슨과 마호니의 제도 연구(Pierson, 2000; Mahoney, 2000)를 참고하면서 제도의 경직성, 예전에 내린 선택의 반복, 방향 변경에 드는 높은 비용 때문에 지역 시스템에 깊이 뿌리박은 관성을 강조했다. 예를 들어, 우드리프는 30년대 대공황 이후 시카고와 뉴욕이 택한 다른 지역 제도를 비교하면서 이 같은 재생산 유형을 다루었다(Woodlief, 1998).

마지막으로, STS(과학, 기술, 사회science, technology and societies) 연구와 도시 연구는 지역의 생성에서 인프라와 기술적 선택이 맡는 역할에 주목했다(Tarr and Dupuy, 1988; Graham and Marvin, 2001). 이 연구들은 지역의 역사에서 기술 개발과 표준의 연속적인 단계들을 중시한다

(Lorrain, 2004). 특히 애니크 홈멜스는 인프라와 도시 형태의 사회적 · 기술적 유형들을 제시하였다(Hommels, 2005).

물론 이 연구들은 도시의 생산에 장기적 시간이 미치는 영향을 충분히 해명하지는 못했다. 무엇보다 도시 연구는 개인 및 집단 행위자가 교통 · 통신 인프라의 속도 잠재력을 이용하면서 일어난 변화는 거의 언급하지 않았다.

6.4 속도 잠재력, 모틸리티, 도시 역학

환경의 물리적 차원은 그 본질을 규정하는 데에서 언제나 중요하지만, 최근 연구들에 따르면 환경의 역학적 차원을 규명하는 데에도 핵심적인 역할을 한다. 교통 · 통신 시스템이 향상되고 예전에는 불가능했던 모틸리티를 갖게 된 사람들이 자유롭게 이곳저곳으로 움직이면서 나타난 결과다.

앞서 5장에서, 행위자들의 모틸리티 전략에서 교통 · 통신 기술의 속도 잠재력이야말로 결정적인 맥락적 요소라고 강조한 바 있다. 이를테면 효과적인 교통 시스템 없이 노동의 공간적 분할을 상상하기란 불가능하다. 금융 성장과 글로벌 수준에서의 자본 모빌리티 증가 역시 새로운 정보통신 기술 덕분이다. 1980년대 이후 세계 경제 체제에서 일어난 변화는 생산성 증가를 가능하게 한 새로운 속도 잠재력의 등장과 그 궤를 같이한다.

이제 교통·통신 분야의 속도 잠재력과 기술혁신 문제로 돌아가서 그 양면성에 주목할 필요가 있다. 속도의 증가를 가져온 기술적 진보는 속도에 대한 가치 평가 문제에 부딪힌다. 빠른 속도의 추구가 낳은 환경문제, 아웃소싱이나 경쟁 심화와 같은 경제문제 등이 논란거리다.

역사적으로 볼 때 속도는 언제나 비약적으로 증가했다. 지난 2세기 동안 벌어진 일 중 가장 놀라운 일이다. 바람총, 화살, 말과 낙타, 비둘기를 넘어 대포알과 총탄에 이르자 인간의 다리로는 따라잡을 수 없는 속도가 출현했다. 산업혁명은 수많은 인적·물적 자원을 동원하여 에너지 생산량을 늘이고 기계화와 동력화 과정을 가속시켜서 모빌리티에 엄청난 변화를 야기했다. 어떤 식으로든 모빌리티와 연관된 기술 시스템의 등장은, 콘트라티에프 파동Kondratieff cycles[1]과 같은 경기변동에서도 엿보이듯이(FreemanetPerez,1988), 오늘날까지 산업사회 성장 단계의 특징을 이룬다.[2]

증기기관과 이후의 전기에너지는 철도를, 그리고 자동차, 트럭, 비행기 같은 탄화수소 동력 기계를 움직이게 했다. 이 이동수단들은

---

[1] 옮긴이주: 콘트라티에프 파동은 대략 50년 주기로 일어나는 장기적 경기순환을 일컫는 말로, 소련 경제학자 니콜라이 콘드라티예프Nikolai Kondratiev가 1925년에 발표한 이론에 기반한다. 30년대의 슘페트는 이 파동의 원인을 기술혁신에서 찾았다.

[2] 증기기관과 철도는 콘트라티에프 파동의 첫 번째·두 번째 주기에서 기술혁신과 경제 성장의 주요 원인으로 지목된다. 19세기 말의 다음 주기에서는 화학공업과 전기공학이 중요한 역할을 했다. 그 다음은 자동차산업이며, 가장 최근에는 정보기술과 테크놀로지의 보편화가 손꼽힌다. 모든 주기는 모빌리티 기술과, 혹은 지역적 형태의 확립이나 특수한 사회적 지형도와 밀접한 관계가 있다.

최근에 정보통신 기술ICT에 힘입어 더 성장한 모빌리티 인프라의 일부다. 사회적·기술적 노력의 결과인 속도 자체의 증가, 교통수단의 복합화, 목적지까지 곧장 연결해 주는 서비스의 확대 등은 우리가 살아가는 방식과 우리가 살고 있는 환경의 산물이자 그 원인이다.

지금까지 속도는 끊임없이 증가하는 효율성을 의미했고, 생산성과 기술 진보의 상징이었다. 그러나 모든 상징이 그렇듯이, 상징으로서의 속도는 기본적인 사실관계를 흐릿하게 만든다. 흔히 속도는 개별적 수행의 형태로 표현되지만(우리는 x, y, z축을 더 빠르게 이동하거나, 어떤 시스템의 조직적인 효율성을 이용해 빠르게 움직인다), 사실 속도는 집단적인 현상이고 집단적으로 생산된다. 속도는 더 빠르게 이동하도록 해 줄 뿐만 아니라 다른 물리적 작용도 가능하게 한다. 속도는 현재 우리의 문화 재현에서 가장 핵심적인 매개 변수다. 속도를 조절할 수단이 없는 사람들조차도 속도에 크게 의존한다.

1970년대 성장과 발전의 폐해를 경고하는 보고서들이 쏟아져 나오기 전인 1950~60년대에는 기술에 대한 열광이 여러 비판에도 불구하고 그대로 유지되었다. 산업화 이후 교통수단의 속도는 계속 논란거리였지만, 대규모 네트워크 건설을 멈추게 할 정도는 아니었다. 지역 차원에서도 그랬다. 지난 40여 년 동안 기술의 무오류성에 대한 우리의 믿음에 균열이 나타나기 시작했고, 지역적으로나 세계적으로 수많은 문제를 일으켰다. 실제로 교통체증, 위험, 오염, 천연 자원 소모 등의 문제가 동시에 드러났다.

6.5 실증적 조사

4장에서 다룬 베른과 로잔의 주거 생활양식에 관한 조사(Pattaroni et al., 2008), 유럽 6개국(독일, 벨기에, 스페인, 프랑스, 영국, 스위스)의 철도 공급과 모틸리티 간의 상호작용에 대한 비교연구(Kaufmann et al., 2008), 스위스의 프랑스어 사용 지역 도시에 대한 불평등한 접근성에 대한 비교연구(Jemelin et al., 2006) 등 세 가지 연구를 토대로 인공물이 모틸리티에 미치는 영향을 알아 본다.

이 세 연구는 모틸리티의 세 가지 주요 차원, 즉 계획, 사용자 기술, 접근성에 속도 잠재력이 어떤 영향을 미치는지를 탐사할 수 있게 한다.

6.5.1 프로젝트를 끌어들이는 인공물

맥락은 프로젝트를 탄생시킨다. 베른과 로잔의 주거 생활양식에 대한 조사는 도시들의 여러 교통수단과 주택시장이(다시 말해, 도시 인공물들의 총체가) 공간 내에 생활양식들이 분포하고 생성되는 방식을 추동한다는 것을 보여 준다. 즉, 인공물은 어떤 주거 생활양식을 더 매력적으로 만들어 특정한 프로젝트와 계획이 등장하게 한다.

베른에서는 지역 전반에 걸쳐 훌륭한 대중교통수단이 제공되기 때문에 교통 서비스에 만족하고 자동차 의존에서 탈피하고 싶은 사람은 도심이나 교외를 막론하고 어디서나 집을 구할 수 있다. 따라

[표 6.1] 베른과 로잔의 주거 생활양식 (단위: 퍼센트)

	도시 거주자 유형	공동체 주의자 유형	부르 주아 유형	개인주 의자 유형	불만족 유형	자연 회귀 유형	평온 추구 유형	총계
로잔 시내	44.8	23.1	26.6	39.5	37.0	15.5	25.9	29.7
로잔 교외	37.9	53.8	59.0	50.6	50.6	50.0	44.7	51.4
로잔 교외 외곽	17.2	23.1	14.4	9.9	12.3	34.5	29.4	18.9
총계	100.0	100.0	100.0	100.0	100.0	100.0	100.0	100.0

	도시 거주자 유형	공동체 주의자 유형	부르 주아 유형	개인주 의자 유형	불만족 유형	자연 회귀 유형	평온 추구 유형	총계
베른 시내	49.0	30.3	15.1	28.8	38.6	12.3	40.9	30.7
베른 교외	40.4	53.5	61.6	55.0	45.6	57.9	50.5	52.0
베른 교외 외곽	10.6	16.2	23.3	16.2	15.8	29.8	9.1	17.3
총계	100.0	100.0	100.0	100.0	100.0	100.0	100.0	100.0

서 걷거나 자전거를 타거나 대중교통을 이용하는 사람들이 지역 전체에 고르게 퍼져 있다. 로잔의 상황은 다르다. 자동차를 이용해야만 도시에 접근할 수 있기 때문에 도시 주변부나 인구밀도가 높은 교외 지역에서는 생활양식의 다양성이 부족해졌다. 베른보다 조밀하고 덜 다양한 주택시장도 이 현상을 강화시켰다.

조사에서 나타난 일곱 가지 주거 생활양식 유형의 분포는 이 결과를 일목요연하게 보여 준다(표 6.1 참조). 도시 내 / 도시 교외 / 교외 외곽 지역의 주거지역 분포는 로잔보다 베른에서 훨씬 더 균일하게 나타난다. 흥미로운 양상을 보이는 것은 '개인주의적 유형'인데, 베른의 세 가지 지역에서는 비슷하게 분포하였으나 로잔의 도시 내에서는 더 많은 비율로 나타났다. 이 결과는 베른 지역의 기능적 특성이 '균질화'되어 있음을 보여 준다. 대중교통을 이용하여 도심지만큼이나 외곽 지역에서도 일과 문화 활동을 병행하면서 거주할 수 있다는 뜻이다.

자동차에 의존하거나, 더 나아가 자동차로 제한된 접근성은 새로운 주거 생활양식의 선택을 제한한다.

두 도시 간 차이는 크다. 도시 전체에서의 분포와 관계없이, 일부 주거 생활양식은 로잔에서 더 많이 나타났고 어떤 유형은 베른에더 많았다. 그러므로 맥락 자체가 사람들이 특정한 주거 생활양식을 다른 생활양식보다 더 많이 선택하게 한다는 추측이 가능하다. 유형 1과 2는 로잔보다 베른에 더 많았지만 7은 베른보다 로잔에서더 많았다. 베른에서, 사람들이 도시 거주자 유형이나 공동체주의자 유형을 선택하게 만드는 것은 베른이라는 도시의 맥락이다. 차에 의존하지 않아도 되는 상황을 제공하기 때문이다. 로잔의 경우도 비슷한 추론이 가능하다.

물론 문화적 차이를 무시하거나 생활양식의 차이를 접근성과 건설 환경의 차이 때문이라고 단순화하는 것은 옳지 않다. 그러나 어떤 욕구에 대한 환경의 물리적 수용력은 그 욕구의 실현만이 아니라 욕구의 형성에도 영향을 준다는 점이 중요하다. 달리 말하자면, 맥락은 일종의 발판으로 기능하면서 주거 생활양식의 프로젝트를 주조해 낸다.

6.5.2 생활 방식을 만들어 내는 인공물

맥락은 이용자의 기술skill에도 영향을 준다. 프랑스의 정기 간격 시간표regular interval timetables 도입이 적절했는지에 대한 연구(Kaufmann et al., 2009)는 교통 서비스의 조직 방식 및 시스템의 구성 방식이 개인의 이동 기술에 결정적인 영향을 준다는 사실을 보여 준다.[3]

정기 간격 시간표와 모빌리티

이 연구의 목적은 정기 간격 시간표가 프랑스의 모틸리티에 미치는 영향을 강조하기 위함이었다. 이런 방식의 시간표가 이미 존재하는 국가(독일, 스위스)와 그렇지 않은 국가(스페인)를 비교한 결과, 서로 다른 맥락으로 인한 불일치와 이동에 필요한 이용 기술에서의 차이가 드러났다.

정기 간격 시간표 같은 변화는 교통 공급 차원에서의 본질적인 변

---

[3] 정기 간격 시간표는 30분, 60분, 120분 등 일정에 맞추어 서비스를 체계화하는 운영 원칙이다. 이용자가 운행 일정을 기억하기 쉽고 서비스의 질도 높아진다. 이런 시간표는 해당 지역의 시공간을 포괄하는 대중교통 서비스가 가능해져 모든 대중교통 운영 주체들이 참여할 때 가장 효과적이다.

New York 2009 -Jérôme Chenal

화라고는 할 수 없다. 교통수단의 사용 방식은 이용하는 사람들의 이동 적합성이 결정한다. 그러므로 교통 공급 차원에서의 변화가 서로 다른 맥락에서 같은 결과를 낳지는 않는다. 사람들이 이동하는 방식에 영향을 미치는 여타 요소들도 존재한다. 이동 행위에서의 변화는 특히 그 변화가 사람들의 모틸리티와 어떻게 공명하는지에 달렸으며, 도로 접근성, 생활수준, 문화, 모빌리티 프로젝트처럼 모틸리티에 영향을 미치는 다른 요소들도 작동한다. 결과적으로, 교통 공급 차원에서 일어난 변화가 주는 영향은 사람들의 이동 능력에 기초해서 측정되어야 한다. 따라서 어떤 인구 집단에서 우수한 모틸리티라고 볼 수 있는 유형은 나라마다 상당히 다르다. 프랑스의 경우에는 주로 '이용 기술 중심의 모틸리티'라고 할 수 있을 것이다. 프랑스에서는 교통 공급이 비체계적인 데다가 정기적인 간격으로 운영되지 않으므로, 통합적이고 일자별 혹은 시간 단위로 운행이 체계화된 국가들보다 더 숙련된 이용 기술을 요구하기 때문이다.

4개국을 비교 분석한 결과, 대중교통 공급에서 여섯 가지 변수가 교통수단 이용 습관의 생성에 결정적인 영향을 주었다. 중요도 순서대로 이를 나열하자면 공급의 공간적 포괄 범위-이동 시간-서비스 빈도-사용 편의성-안락함-가격 순이다. 대중교통으로 어디든 갈 수 있다거나 하루 종일 이용할 수 있다거나 할 때처럼 여섯 가지 변수들 중 하나의 질이 높다면, 이는 이용자의 이용 기술 차원에서 중요한 모틸리티를 형성하며, 교통 공급은 점차 생활 방식의 일부로 자리 잡는다. 여기에서는 상호 관계도 존재한다. '새롭게 향상된'

교통수단의 변화에 대한 사람들의 반응이 그들의 모틸리티와 이동 적합성에 달려 있는 한, 특정 상황에서 지배적인 생활 방식은 공급에 영향을 미치기 때문이다. 그러므로 교통 공급 자체의 성격이 특수한 이동 행위들을 낳기도 하지만, 교통 공급은 무엇보다 사람들의 모빌리티가 지닌 본질을 변화시킨다.

포괄성이 좋은 대중교통은 이 현상을 잘 설명해 주는 예시다. 대부분의 독일인은 아주 효율적으로 어디든 이동할 수 있는 대중교통수단을 쉽게 고를 수 있다. 이동 시간을 줄이거나 쉽게 장거리 통근을 할 수 있으므로 그들의 생활양식에도 이 특징이 반영된다. 프랑스 사람들은 일드프랑스 지역과 일부 대도시들을 제외하면 대중교통수단을 독일보다 적게 이용한다. 공간의 연결성이나 포괄성이 부족하기 때문이다. 따라서 대중교통을 중심으로 하는 생활양식을 선택하기 어렵다. 프랑스에서 대중교통 중심의 생활양식으로 살아가려면 독일에서보다 더 잘 다듬어진 사용자 기술을 필요로 한다. 즉, 시스템 자체의 단점을 보완해 줄 어느 정도의 독창성이 있어야 한다.

나라마다 다른 모빌리티

유럽인들에 대한 양적 연구인 잡몹JobMob 조사는 4개국에서 모틸리티의 유형들을 살펴서 나라마다 다른 모빌리티의 차이를 정량화했다(Kaufmann, Vivy, Widmer, 2010). 이 유형 분석은 주요 구성 요소 분석을 기반으로 하는 위계적 군집 분석hierarchical cluster analysis(요인들에 대한 와드 연결법Ward method)으로 진행되었으며, 요인 분석에 동일한 가중치를 보장하기 위해 구성 변수를 0에서 1까지의 범위로 표준화했다. 덴드로그램 비교를 통해 여섯 개의 유형이 도출되었다.

그 여섯 유형의 모틸리티는 다음과 같다.

약한 모틸리티 Weak motility 주요 논리는 교통 공급과 자동차 접근성이 취약하기 때문에 부족한 대중교통에 의지하는 것이다. 낮은 수입, 자동차 접근성 제한, 발전하지 못한 사용자 이용 기술, 거의 없는 모빌리티 프로젝트 등이 특징이다.

접근성 중심의 모틸리티 Motility limited by access 주요 논리는 지리적 원격성을 극복하고 '연쇄적인' 활동에 대한 욕구를 해소하기 위해 이동 시간과 비용을 최소화하는 것이다. 자동차/대중교통 접근성이 낮은 주거지, 자동차 소유가 그 특징이다.

이용 기술 중심의 모틸리티 Motility limited by skills 주요 논리는 이동과 통근을 일상에서 처리해야 하는 귀찮은 일로 보고, 시간 비용을 가능한 한 최소화하는 것이다. 할 수 있는 한 손쉽게 이동하려고 하는 실용주의적 태도, 낮은 이동 시간 비용, 외부에서의 일상 활동을 줄이는 모빌리티 이용 기술이 그 특징이다.

일상적 틀 중심의 모틸리티 Motility limited by the importance of routine. 주요 논리는 자신이 잘 알지 못하는 공간이나 상황과의 만남을 피하는 것이다. 친숙한 주변 세계에 대한 애착, 일상의 틀을 벗어나 자동차를 사용할 때 마주칠 수 있는 미지의 것들을 피하려는 체계적인 시도 등이 특징이다. 삶의 계획은 정주성과 애착에 맞춰져 있다. 여기에 해당하는 사람들은 이동을 좋아하지 않는다.

주거 정주성 중심의 모틸리티 Mobility characterized by residential sedentariness 주요 논리는 출퇴근의 불편함을 감수하더라도 주거에서 정주성을 유지하는 것이다. 자동차나 대중교통으로 쉽게 접근할 수 있는 주거지가 그 특징이다. 어떤 장소나 집이나 사회적 네트워크에 대한 애착, 맞벌이 가정 등의 다양한 이유로 주거 애착이 생겨나며, 결과적으로 장거리 통근이나 매주 통근을 택하는 경우가 많다. 통근 시간이 길기 때문에 그 시간을 효율적으로 계획하고 활용하는 이용 기술이 잘 발달되어 있다.

최대 모틸리티 Maximum motility 주요 논리는 항상 이동의 선택지를 넓혀서 모빌리티 가능성을 극대화하는 것이다. 자동차와 대중교통의 접근성이 좋은 주거 위치, 모빌리티를 새로운 발견과 자기 계발의 수단으로 간주하는 것, 높은 시간 비용, 고도로 발달된 모빌리티 이용 기술 등이 그 특징이다.

이 여섯 가지 유형은 특정 개인들이 다른 개인들보다 모틸리티를 더 많이 지니고 있음을 보여 준다. 여기서 중요한 것은, 여러 가지 모틸리티 유형이 존재하기 때문에 누구의 모틸리티가 더 크거나 더 작다고 말하기 어렵다는 사실이다.

나라별로 여섯 가지 모틸리티가 강조되는 지점이 다르다(표 6.2). 스페인에서는 다른 나라들보다 '약한 모틸리티'가 더 많이 나타났

[표 6.2] **모틸리티 유형** (단위: 퍼센트)

모틸리티 유형	독일	프랑스	스페인	스위스
약한 모틸리티	7	9	14	10
접근성 중심의 모틸리티	11	15	12	9
이용 기술 중심의 모틸리티	20	36	40	23
일상적 틀 중심의 모틸리티	19	13	7	24
주거 정주성 중심의 모틸리티	23	16	18	22
최대 모틸리티	20	11	9	12

고, 강한 지역적 유대 관계가 존재했다.

'접근성 중심의 모틸리티'는 프랑스에 가장 많았다. 중앙집중화, 장거리 이동, 상당수의 지역이 인구밀도가 낮고 상대적으로 접근이 어렵다는 특징 때문이었다.

'이용 기술 중심의 모틸리티'는 프랑스와 스페인에서 더 많았다. 다른 나라들의 대중교통 공급이 정기 간격 스케줄로 짜여 있고 여러 수단과 운영 주체들에 의해 조정되는 것에 비해, 이 나라들의 대중교통 일정은(특히 열차가) 비체계적이고 복잡하며 더 높은 이용 기술을 필요로 하기 때문이다.

'일상적 틀 중심의 모틸리티'는 독일과 스위스에서 가장 강하게 나타났다. 이들 국가가 갖춘 대중교통 공급의 정기 간격 시간표는 대중교통을 일상적으로 이용하게 한다.

'주거 정주성 중심의 모틸리티'는 독일과 스위스에서 높게 나타났다. 이 나라들은 탈중심적인 제도 조직을 갖추고 있으며, 풍부하고 정기 간격으로 제공되는 교통수단들을 이용자들이 유연하게 사용할 수 있다.

'최대 모빌리티'는 독일에서 가장 많았다. 국가의 규모가 크고, 네트워크가 우수하고 다양한 것이 그 이유라고 할 수 있다.

여기서 나타난 국가 간의 차이를 고려해 보면, 철도 공급의 정기 간격 시간표가 프랑스의 모틸리티에 미치는 영향이 무엇인지를 쉽게 추론해 볼 수 있다.

주거 정주성 중심의 모틸리티, 일상적 틀 중심의 모틸리티, 최대 모틸리티 유형은 다른 유형들보다 대중교통을 더 선호한다. 이 유형들은 연속적이고 이용하기 쉬운 교통수단에 큰 관심을 보인다.

어떤 인구 집단 내에서 이 세 유형에게 유리한 방향으로 특정 모틸리티가 더 두드러지게 조정되면, 그 인구 집단의 모틸리티 전체가 영향을 받게 된다. 그러므로 사용하기 쉽고 연속적으로 제공되는 교통수단은 이를 이용할 기술을 사람들이 자연스럽게 익히도록 만든다. 마찬가지로, 이용 기술 중심의 모틸리티 유형에 해당하는 사람들에 대해서도 비슷한 말을 할 수 있다. 이들은 정기 간격 시간표의 도입으로 줄어들 가능성이 있다. 스스로를 체계화하고 시공간 속에서 방향을 잡는 교통수단 이용 기술은, 정기 간격 시간표가 도입되어 교통수단이 일정하게 공급되면 필요하지 않을 수 있기 때문이다.

6.5.3 인공물과 접근성의 복합적 관계

앞의 논의들은 접근성의 질적 측면(교통 시스템의 속도 잠재력이 갖는 공간적·시간적 규모)이 모틸리티와 생활양식 문제에서 프로젝트와 이용 기술에 어떤 영향을 미치는지를 보여 준다. 이에 대한 실증적 연구는 교통 분야에서 제출되었다.

접근성 문제를 다루고 속도 잠재력, 도시, 지역 간의 연결 지점을 마련하기 위해, 여기서는 리옹·그르노블·렌·스트라스부르(프랑스)와 취리히·베른·로잔·제네바(스위스)에서의 불평등한 접근성을 다룬 비교연구 자료를 참고할 것이다. 이 연구의 목적은 1990년대 초반에서 2000년대 초반에 걸쳐 도심 접근성에 일어난 변화가 도심에 오가는 횟수에 어떤 영향을 미쳤는지를 평가하는 것이다. 도시 접근성 정책, 사회적·공간적 구조, 도심 출입 횟수 등을 분석한 결과, 해당 도시의 맥락 속 인공물의 배치에 따라 동일한 변화도 모틸리티에 아주 다른 영향을 미친다는 사실이 드러났다.

여덟 개 도시의 도심 접근성 정책에 대한 비교 조사는 네 가지 유형을 나누었다(표 6.3 참조).

① 효율적인 도시 및 지역 대중교통 서비스를 갖추고 인프라와 서비스를 최적화하며, 동시에 도심에 대한 도로 접근성 관리 정책을 유지하는 도시(스트라스부르, 취리히, 베른)

② 훌륭한 대중교통 공급망을 갖추고 있지만 도심으로의 자동차 접근

[표 6.3] 해당 도시들의 교통 체계 구성

프랑스	리옹	그르노블	렌	스트라스부르
교통 공급	중전철 + 버스	버스 + 트롤리	버스	버스 + 트롤리
도심 도로 접근성 운영	인센티브	인센티브	자동차 친화적	규제로 제한

스위스	취리히	베른	로잔	제네바
교통 공급	중전철	중전철	버스 + 트롤리	버스 + 트롤리
도심 도로 접근성 운영	요금제로 제한	규제로 제한	인센티브	자동차 친화적

성을 적극적으로 제한하지 않고 도시 대중교통 시스템과 순환도로
를 계속 개발하는 도시(리옹, 그르노블, 제네바)

③ 잘 발전한 지역 대중교통과 도시 대중교통 서비스를 갖추고 있으나,
(전용 주행로 대중교통수단과 같은) 인프라 차원의 지원이 많지 않고
도심으로의 도로 접근성을 제한하는 정책을 추구하는 도시(로잔)

④ 도시 및 지역 대중교통수단이 부족하고, 개별 교통수단을 장려하는
정책을 고수하는 도시(렌)

일반적으로 교통정책이 도시 접근성에 미치는 영향은 소외계층의
주거지 문제, 즉 불평등의 지형도와 큰 관계가 있다. 이 차원을 탐구
하기 위해 사회적 지형을 분석한 결과, 각 사례마다 몇 가지 구조적
특수성이 드러났다.

• '부유한' 지역은 한데 모여 어떤 구역을 형성하지만, 가난한 지역

은 분산되어 있다. 이 현상은 여타 연구들에서와 마찬가지로 이 조사 대상들에서도 동일했다.

- 프랑스의 도심에는 스위스보다 기업 고위직이 더 많이 거주한다. 공공부문 고위층이 많은 스위스의 수도 베른은 예외지만, 대부분의 스위스 도심은 사회적·직업적 지위라는 특징이 없다. 반면 프랑스에서는 4개 도시 중 3개 도시의 도심이 '부유하다'고 평가되었다(가구 이동에 대한 1992년 조사를 분석에 포함시킨다면 그르노블은 여기에서 빠진다). 소득 중하위층의 도심 접근성은 프랑스와 스위스에서 각각 다르게 나타난다. 스위스에서는 대부분의 중하위층 가구가 이미 도시 중심부에 거주하고 있다.

- 가족 단위 거주 유형은 도심에 많지 않고, 인구 집적지 외곽으로 밀려났다. 이 조사로 살펴본 모든 도시에서 동일한 현상이었다. 통시적으로 볼 때 스위스 도시들에서는 가족 유형이 원심적인 경향을 보였으며, 그 숫자는 전반적으로 감소했다.

그림 6.1과 6.2에 제시된 리옹과 취리히의 예는 앞서 강조한 네 가지 지점을 확실하게 보여 준다. 리옹은 인구 분리가 명확한 도시다. 도심에 가까운 서쪽 지역은 '화이트칼라' 계층이 평균보다 많이 거주하며, '블루칼라' 계층은 대중교통 개발이 아직 진행 중인 동부에 몰려 있다. 아이가 있는 가정은 북쪽에 평균보다 많이 살고, 도심에는 평균보다 적다. 도심에는 화이트칼라 직원들이 많았다.

취리히는 리옹과 다른 점이 많았지만, 도심 쪽에 '부유한' 계층이

[그림 6.1] 리옹 도시밀집 지역의 사회적 유형(1999)

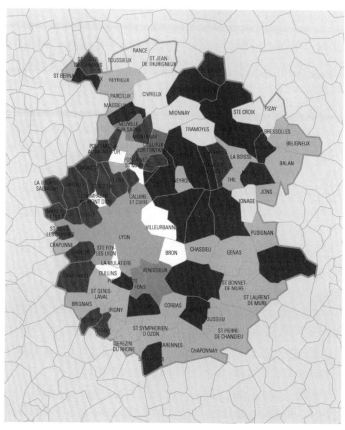

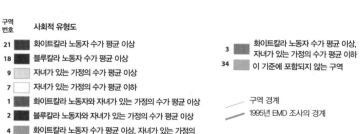

구역 번호	사회적 유형도		
21	화이트칼라 노동자 수가 평균 이상	3	화이트칼라 노동자 수가 평균 이상, 자녀가 있는 가정의 수가 평균 이하
18	블루칼라 노동자 수가 평균 이상	34	이 기준에 포함되지 않는 구역
9	자녀가 있는 가정의 수가 평균 이상		
7	자녀가 있는 가정의 수가 평균 이하		
1	화이트칼라 노동자와 자녀가 있는 가정의 수가 평균 이상		구역 경계
2	블루칼라 노동자와 자녀가 있는 가정의 수가 평균 이상		1995년 EMD 조사의 경계
4	화이트칼라 노동자 수가 평균 이상, 자녀가 있는 가정의 수가 평균 이하		

[그림 6.2] 취리히 도시밀집 지역의 사회적 유형(2000)

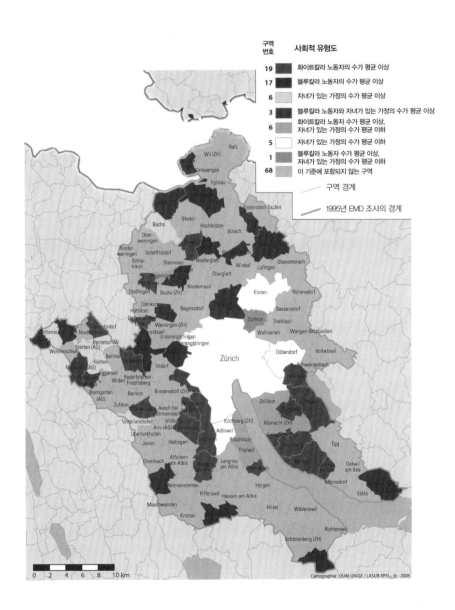

구역 번호	사회적 유형도
19	화이트칼라 노동자의 수가 평균 이상
17	블루칼라 노동자의 수가 평균 이상
6	자녀가 있는 가정의 수가 평균 이상
3	블루칼라 노동자와 자녀가 있는 가정의 수가 평균 이상
6	화이트칼라 노동자 수가 평균 이상, 자녀가 있는 가정의 수가 평균 이하
5	자녀가 있는 가정의 수가 평균 이하
1	블루칼라 노동자 수가 평균 이상, 자녀가 있는 가정의 수가 평균 이하
68	이 기준에 포함되지 않는 구역

구역 경계

1995년 EMD 조사의 경계

많이 거주한다는 점은 같았다. 인구 분리는 두드러지지 않았다. 노동자계급은 인구 밀집지 전체에 골고루 분포되어 있었고, 평균보다 아주 높거나 낮지 않은 인구 혼합 지역들이 더 많았다.

접근성의 사회적 불평등을 분석하기 위해 우리는 인터뷰한 사람들의 교통수단 관행을 사회-인구학적 특성과 사회-직업적 범주를 고려하여 설명하는 지표를 만들었다. 그런 다음 100으로 맞춘 평균과의 차이를 측정하여 비율을 계산했다. 100 미만이면 평균보다 낮고, 그 이상이면 평균보다 높다.

거의 모든 도시에서 '상층' 사회-직업 범주에 속하는 사람들은 자동차 이용 비율이 높았다. 베른, 스트라스부르, 취리히 등 도심 주차를 제한하는 정책을 추진한 도시들의 사례는 흥미롭다.

베른과 스트라스부르의 주차 관리 포기 정책(즉, 주차 공간을 없애는 정책)은 취리히처럼 높은 요금을 물려서 주차 공간을 관리하는 정책과 동일한 결과를 가져오지 않았다. 베른과 스트라스부르는 1994년부터 2000년 사이에 여러 사회-직업 범주에 걸쳐 자동차 사용이 균질화되는 모습을 보였다(블루칼라 운전자도 화이트칼라 운전자만큼이나 차를 운행했다). 그러나 취리히의 경우에는 도심 운전자에 화이트칼라가 편중되었다. 예를 들어, 베른에서는 화이트칼라 운전자 지수가 146에서 126으로, 스트라스부르에서는 140에서 128로 줄어들었지만, 취리히에서는 115에서 168로 급증했다.

분석 결과, 지역 철도 공급이 원활한 4개 도시(스트라스부르, 취리히, 베른, 로잔)에서는 도시 외곽으로의 자동차 접근성이 떨어지는

[표 6.4] 사회-직업적 범주에 따른 일일 자동차 사용 비율(프랑스와 스위스)

프랑스	리옹		그르노블		렌		스트라스부르	
	1985	1995	1992	2002	1991	2002	1988	1997
가게 주인 숙련공, 사업주	108	116	115	120	90	100	98	105
프리랜서 매니저	133	132	129	133	131	126	140	128
중개업	142	130	133	135	128	121	136	133
직원	102	100	104	115	105	98	104	105
노동자	98	100	96	104	116	103	96	107
무직, 퇴직	63	68	58	64	74	71	•	68
학생	71	82	76	85	78	81	64	70
	100	100	100	100	100	100	100	

스위스	취리히		베른		로잔		제네바	
	1994	2000	1994	2000	1994	2000	1994	2000
프리랜서	139	141	142	126	123	162	120	133
상위 관리자	118	148	146	126	169	135	114	133
중간 관리자	132	124	138	122	120	132	140	125
직원	125	114	121	122	111	116	126	117
학생	68	58	58	63	89	59	77	72
무직, 퇴직	68	72	67	78	71	68	63	81
	100	100	100	100	100	100	100	100

것이 그다지 큰 문제가 아니라는 점이 분명했다. 물론 도시마다 상황이 다르기 때문에, 자동차의 도심 접근을 제한하는 정책이 인구 분리 측면에서 어떤 결과를 낳는지는 따져 볼 필요가 있다. 다른 접

근 수단을 이용할 수 있을 때 주차를 제한하는 것은, 도심 접근을 가능하게 하는 적절한 철도 서비스가 없는 도시에서 주차를 제한하는 것과는 근본적으로 다르다. 전자의 경우에는 접근성의 불평등이 증가한다. 리옹 동부처럼, 도시 외곽 순환도로 주위로 사회적 약자들이 거주하는 경우에는 특히 그랬다.

여기서 세 가지 중요한 결론이 도출된다. 첫째, 특정 정책이 언제나 같은 효과를 가져오는 것은 아니다. 결과가 어떨지를 제대로 따져 보지 않고 모빌리티 규제 정책의 일반적인 효과를 상정하는 것은 잘못된 길로 이끈다. 인구 집적지의 사회적 지형도와 대중교통의 질은 도시 및 지역 수준에서 접근성의 불평등에 직접적인 영향을 미친다. 그러므로 도심 주차 제한 정책은 도심 및 외곽 지역 모두에 양질의 서비스를 제공하는 도시와 그렇지 못한 도시에 같은 영향을 주지는 않을 것이며, 화이트칼라 노동자, 블루칼라 노동자, 가족 단위 가구가 고르게 분포되어 있는 도시와 특정 지역에 인구 분리가 명확하게 나타나는 도시에도 동일한 결과를 낳지 않을 것이다. 이 요인들을 체계적으로 고려하면, 공공정책은 통근 시간이나 교통비가 증가할 때 교통수단의 변화를 꾀하거나 불평등 문제를 고려하는 조치를 더 효과적으로 시행할 수 있다.

둘째, 인구 분리를 낳지 않으려면 도심 접근 제한은 지역 차원에서 대안적인 공급 수단을 마련해야 한다. 지역 네트워크가 잘 마련된 인구 집적지와 그렇지 않은 곳의 차이는 비교적 명확하다. 대중교통이 실행 가능한 대안이 아닐 때, 자동차 도심 접근 제한은 분명히 더 큰 영향을 미친다. 따라서 '가난한' 지역들이 가까운 교외나 도심에 위치해 있고 대중교통이 비교적 잘 갖춰진 취리히에서는, 가난한 지역이 도심과 멀고 대중교통 이용이 어려운 동부에 집중되어 있는 리옹과 비교할 때 자동차의 도심 접근 제한으로 인한 인구 분리가 덜 두드러진다. 이 연구 결과는 도시교통정책이 인구 분리에 끼치는 영향이 한 도시의 경계 안에서만이 아니라 도시 주변 규모로 측정될 수 있음을 나타낸다.

셋째, 주차 제한 정책은 인구 분리를 낳는다. 취리히처럼 광범위하면서도 비싼 주차 요금으로 규제하는 방식은 결과적으로 인구 분리와 연결된다. 하지만 베른이나 스트라스부르와 같이 주차 시간을 제한하는 정책(예컨대 블루존blue zones 지정)은 자동차 접근 제한의 인구 분리 효과와 큰 관계가 없다.

6.6 결론

6장에서는 도시 혹은 지역이 어떤 프로젝트나 계획을 수용할 때 물리적 측면이 어떤 영향을 미치는지를 살펴보려고 했다. 이 목표를 달성하기 위해 여기서는 특정한 문제에 초점을 맞췄다. 교통 시스템의 속도 잠재력이다. 완전히 이 문제를 다 해명했다고 보긴 어렵겠지만, 몇 가지 결론에는 도달할 수 있다.

첫째, 여기서 눈여겨 보아야 할 것은, 물리적 인공물이 프로젝트에 대한 환경의 수용력을 규정한다는 측면에서만이 아니라 프로젝트 자체를 규정한다는 점에서도 중요하다는 사실이다. 그러므로 아주 효과적인 대중교통수단의 공급은 자연스럽게 그 시스템을 이용하게 만들고, 사람들이 이 시스템을 중심으로 생활양식을 구성하도록 이끈다. 그러나 실증적 연구들에 따르면 인공물들은 서로에 대해서도 어떤 의미를 지니며, 인공물이 사람들을 끌어들이거나 집단에 따라 분리시키는 효과는 대체로 그것들의 배치가 반영된 결과다. 이 대목에 주의할 필요가 있다. 인공물들은 함께 세계를 구성하며, 이 세계는 어떤 때는 서로 수렴하고 어떤 때는 불협화음을 내는 신호를 보낸다. 이 신호들의 총체가 프로젝트, 계획, 목표, 생활양식에 대한 환경의 물리적 수용력을 규정하는 것이다.

둘째, 어떤 지역의 물리적 차원이 이용 기술 측면에서 독특한 모틸리티를 형성한다는 점 역시 중요하다. 대중교통 이용에 적합하도록 계획·구성된 지역에 거주하면 사람들은 자신들의 계획에 맞추어 교통수단의 이용 기술을 고도로 향상시킨다. 이동 시간을 업무에 활용하는 장거리 통근의 발전을 그 예로 들 수 있다. 따라서 계속된 반복을 거치면서 지역의 수용력과 개인/집단 행위자의 모틸리티는 서로 강하게 연결된다. 달리 말하자면, 한편에는 도시의 교통수단 공급이, 다른 한편에는 수요가 존재하는 것이 아니다. 행위를 통해 환경을 변화시키는 모틸리티와, 모틸리티를 형성하는 환경이 있는 것이다.

세 번째이자 마지막으로 중요한 발견은, 물리적 인공물의 배치가 도시 문화의 결정적 요소라는 것이다. 각각의 맥락들이 물리적 차원에서 독특하며, 서로 다른 조건들을 갖고 있다면, 행위자들이 이용 기술을 키우고 프로젝트를 발전시키는 일은 행위의 예술arts de faire과도 같다. 따라서 생활양식과 프로젝트들의 다양성은 환경의 잠재적 수용력을 열어젖혀야만 가능한 일일 뿐만 아니라, 도시와 지역들의 잠재적 수용력이 지닌 다양성에도 달려 있다.

7장

맞아들이는 장소로서의 도시

: 도시의 모빌리티와 그 거버넌스에 관한 열 가지 사실

Sète 2011 - Fanny Steib

7.1 서론

도시와 지역을 탐구하고 그 본질을 인식하기 위해, 우리는 이동을 출발점으로 삼았다. 공간중심적인 고전적 도시사회학의 입장을 뒤집으면서, 개인 및 집단 행위자의 이동 적합성과 그 이동에 대한 환경의 수용력에 기반하여 도시 현상을 분석하고자 했다.

먼저 모틸리티motility, 이동movement, 모빌리티mobility 등 세 가지 핵심 개념을 정의한 다음, 환경이 지니는 수용 가능성과 그 결정 요소를 따져 보았다. 다음으로는 이 분석 도구를 이용하여 질적·양적 연구 자료들을 검토하면서 여러 문제들을 살펴보았다. 이론적 연구와 실증적 연구를 골고루 활용했기 때문에 세 가지 함정을 피할 수 있었다. 무엇에 기반하는지 애매하고 모든 것을 포괄하려는 도시 및 환경이론을 상정하는 것, 현장 관찰과 동떨어진 이론적 명제만을 내놓는 것, 도시와 지역을 깊이 있게 탐구하는 것이 아니라 어떤 일이 일어나는지를 관찰하기만 하는 이론적 태도 등이다.

우리는 이론과 실증 사이에 존재하는 긴장에 초점을 맞춰 사회학적 접근 방식에 충실하고자 했다. 도시와 지역의 역학 관계에 대한 학술적 담론만을 고집하거나, 실증적 데이터를 깊이 있는 분석 없이 무비판적으로 수집하기만 하는 태도는 지양했다. 한 마디로, 현상의 측정과 그 개념화 간의 변증법을 통해 도시 현상을 이해하고 규정하려는 시도였다.

이 목표를 달성하기 위해 이 책에서는 넓은 의미로 교통 시스템에 관련된 자료들에 초점을 맞췄다. 지난 수십 년 동안 도시 지역의 변화가 대부분 교통·통신 시스템의 속도 잠재력 증가와 민주화된 상황과 연결되어 있기 때문에, 또 우리의 실증적 조사를 특정한 주제에 맞추려는 의도 때문에 내린 결정이다. 그 결과, 이 책의 다양한 시도들은 행위자들의 이동을 중심에 두게 되었다. 포괄적으로 언급하는 경우들을 제외하면, 모빌리티를 핵심으로 삼는 도시와 지역 연구 사례가 드물기 때문에 이런 시도는 의미가 있다.

탈구조주의자들의 도시 관련 연구들은 공간적·사회적 구조의 붕괴에 대한 막연하고 피상적인 일종의 '증거'로 모빌리티, 유동성, 기술적·지역적 네트워크를 언급한다. 그러나 자세한 실증적 조사들에 따르면, 유동성이 증가하고 교통·통신 시스템의 속도 잠재력이 확장된 것은 사회적·공간적 차이의 소멸을 드러내는 일방적인 벡터가 아니다. 이동이라는 주제에 실증적 분석을 집중했기 때문에 도시 역학의 모든 요소들을 다루지는 못했지만, 우리의 접근 방식은 도시와 지역의 변화를 사유하도록 해 준다.

7장에서는 이 책의 주요 사항을 열 개의 테제로 정리한다. 그런 다음 이에 비추어 도시와 지역의 거버넌스 역량governability을 논하고, 마지막으로 도시정책의 수단과 문제 지점을 짚어 볼 것이다.

7.2 도시와 지역에 관한 열 가지 테제

테제 1. 도시와 지역을 탐구할 때 모빌리티를 출발점으로 삼은 뒤, 에둘러 가지 않고 물리적 측면에 주목한 것은 진정한 발견술적heuristic 방식이자 실증적 접근이다. 그 결과로 드러난 것은 사회적·공간적 차이의 소멸이 아니라 그 정반대의 현상이다.

더 빨리 더 멀리 이동하는 것이 반드시 시공간 속 이동의 '자유'와 연결되지는 않는다. 모빌리티는 양면적이다. 모빌리티는 행위자에게 부여되는 어떤 가치다. 여기서 오는 혼란은 사회적 유동성을 둘러싼 논쟁을 더 복잡하게 만든다.

모두에게 동등한 기회가 보장되는 계급 없는 사회라는 꿈을 상기시키는 **사회적 유동성**social fluidity 개념은 새로운 것이 아니다. 소로킨 이래로 사회학도 여기에 천착해 왔다. 그러나 현대 교통·통신 시스템의 등장은 이 문제를 새로운 방향으로 이끈다. 고전적인 사회학에서는, 장벽이 없는 유동적 사회에서 개인들이 엄격한 능력주의에 바탕해 사회-직업적 사다리를 타고 수직으로 이동할 수 있다고 보았다. 1960년대부터 이 개념은 립셋, 지터버그, 벤딕스, 그리고 블라우와 던컨의 연구들에서 상당히 정교하게 다듬어졌다. 이념적인 색채를 보일 때가 많은 이 연구들에서, 유동성은 사회정의 차원의 진보를 가져다주는 것으로서 매우 긍정적인 의미를 지닌다. 고전 사회학의 주장들과 달리, 현재 사회과학에서 논의되는 유동성은 수직적 이동만이 아니라 수평적 이동까지 포괄한다. 따라서 사회-직업적 성공 모델은 이제 단 하나로 귀결되지 않는다. 결과적으로 이 논의는 더 이상 사회-직업적인 차원에만 국한되지 않고 여러 활동 영역들이 시공간과 맺는 글로벌한 관계 문제로 확대되었다. 유동성은 이제 그저 이 사회적 범주에서 저 범주로 옮겨 가는 문제가 아니라, 어떤 개인이 일생 동안 직면하는 모든 장벽과 제약, 그리고 이러한 경계들 속에서 그가 취하는 전략의 문제다. 유동성 문제의 핵심은 다음과 같은 질문에 담겨 있다. **시공간의 압축이 삶에서 운신의 폭을 넓히는가?**

서구 사회에서의 현대적 삶은 사회통합의 전제 조건이라 해도 좋을 아주 특수한 모빌리티 기술을 필요로 한다. 융통성, 적응력, 새로운 기회에 대한 개방성은 곧 여러 영역에서 적절하게 반응할 수 있게 하는 모틸리티라고 할 수 있으므로, 이제 직업적 영역에서나 여가 활동, 가정, 교우 관계처럼 개인적인 영역에서나 성공적인 삶에 필수적인 기술이 되었다.

사회통합의 자원인 모틸리티는 소비주의나 사회계층화의 수직적 차원과 연결되면서 중산층 '계급'들이 생활양식 및 사회적 성공 모델을 다양하게 상정하게 된 상황을 반영한다(Chauvel, 2006).

중산층 내부의 차이는 젠트리피케이션에 대한 도시사회학 연구의 초점이다. 이 차이는 새롭고 글로벌한 도시 엘리트들이 삶을 살아가는 방식에 따라 발생한다. 이들은 만족할 만한 방식을 찾아 각자 다른 장소에 자신들의 생활양식을 고정시킨다.

이 첫 번째 테제는 사회통합 자원으로서의 모틸리티를 더 자세하게 독해하면 도시사회학에서 제기되는 문제들을 뛰어넘어 사회학 일반의 문제로 나아가게 된다는 것을 분명하게 보여 준다. 행위자들이 어떻게 왜 이동하는지에 대한 연구는 독립적이고 제한된 분석 분야로 고립되는 것이 아니라, 사회적 관계가 무엇이고 어떻게 변화하는지에 관한 더 일반적인 이해에 기여한다.

> **테제 2. 우리는 개인 및 집단 행위자의 모틸리티와 이 모틸리티들에 대한 환경 수용력의 관계에 기초하여 도시 역학을 설명하고 이해할 수 있다.**

이 책에서는 도시와 지역에 대한 독창적인 연구 방식을 발전시켰다. 개인 및 집단 행위자의 모빌리티를 행위자 자체의 속성으로 보면서, 행위자의 모빌리티에 대한 환경의 수용력을 검토하였다. 환경의 수용력은 과거 행위들의 누적에 따라 개방적일 수도, 반대로 아주 제한적일 수도 있다. 건물, 도로, 철도망과 같은 물리적 인공물도, 입법이나 절차적 행위도, 지역 문화나 부동산 가격 및 공급에 따라 점차 변화하는 사회적 행위도 여기에 해당한다. 모틸리티와 수용력이 서로를 반영한다고 보는 이 책의 관점은 형태적이고 문화적인 모든 측면에서 행위자, 사회적 구조, 제도의 맥락을 추적하면서 오늘날의 도시 역학을 더 잘 이해하게 해 준다.

환경의 수용력은 모틸리티에 따라 다양하게 나타나고, 따라서 행위자의 모빌리티 프로젝트 자체에도 다양하게 반응한다는 것이 새로운 개념은 아니다. 러시아 인형 형태처럼 생활양식, 허브, 도시 형태가 통합되어 있다는 논리에도 이 개념은 존재했다. 그러나 연속성contiguity에서 연결성connectivity까지, 그리고 가역성reversibility에서 불가역성irreversibility에 이르기까지, 공간과 맺는 관계의 가능성들이 늘어났다는 것은 새로운 현상이다.

> 테제 3. 환경이 지니는 풍부함과 다양성은 개별적이거나 집단적인 과거 행위들이 누적된 결과이며, 이는 환경이 행위자의 프로젝트를 받아들이는 정도를 결정한다.

여러 연구 결과들은 장기간의 시간이 지역의 본질에 미치는 영향이 아주 중요하다는 것을 보여 준다. 맥락에 따라 여러 가지로 형성되는 자산이나 다양성 외에도, 개인 및 집단 행위가 환경 속에서 역사적으로 누적되는 양상은 세 가지 유형으로 나눌 수 있다. 첫째는 재생산reproduction이다. 여기서 인지적 · 제도적 · 형태적 배치는 도시화된 공간들의 일반적인 진화 역학과 밀접하다. 둘째는 혁신innovation이다. 환경에 새로운 도시 인공물이 등장하거나 인지적 제도적 배치가 달라지면서 과거의 궤적이 완전히 달라진다. 셋째는 우발성dependency이다. 우발적으로 발생한 사건들은 장기간에 걸쳐 유지되는 연쇄효과를 낳는다.

따라서 개방적이고 수용적이며 다양한 환경은 장기간의 누적이 만들어 낸 결과다. 수용력의 변화는 중장기적 과정과 조정 전략을 필요로 하는 장기 목표다.

비교역사적 분석을 통해 우리는 새로운 정책을 시행하기 어렵게 하거나 심지어 불가능하게 만드는, 특정 지역 정책의 지속에 기여하는 제도적·물질적·인지적 요인들을 확인하였다. 또한, 공공정책의 방향을 바꾸고 지역과 그 안에서의 관행을 변화시키는 데 필요한 자금, 시간, 정치적 제휴, 물리적 장치 측면에서의 투자가 어떠해야 하는지를 더 잘 이해할 수 있었다.

더 구체적으로 보면, 이 분석은 거버넌스의 결함으로 보이는 것이 사실은 다양한 프로젝트 수용력을 보증한다는 점을 입증한다. 황폐화된 도심 지역, 버려진 옛 산업 지역, 제도적으로 분할된 도시 지역, 사용되지 못한 도시 철도 인프라나 고속도로, 버려진 건물 등. 본질적으로 이 모든 조건들은 지배적 조류에서 벗어나 새롭고 혁신적인 프로젝트를 시작할 발판을 제공한다.

테제 4. 교통·통신 시스템의 속도 잠재력은 지역의 수용력에 중요한 요소다. 기존 인프라가 존재하지 않거나 개선하기 어려운 상황에서 이동을 가능하게 하려고 할 때, 환경의 수용력을 결정짓는 것이 교통·통신 시스템의 속도 잠재력이다. 이 잠재력은 맥락적 차원(네트워크가 존재하는가, 발전되어 있는가)과 접근성 조건(공간, 시간, 비용 면에서의 가능성)을 따져 파악할 수 있다.

훌륭한 교통 서비스를 이용할 수 있으면 행위자는 다른 맥락에서라

면 불가능했을 프로젝트를 실행할 수 있다. 특히 주거 선택과 부동산 소유 문제에서는, 지리적으로 멀더라도 부동산 가격이 조금 낮은 곳을 고르려면 속도 잠재력이 필수적이다. 마찬가지로 공항에 손쉽게 접근할 수 있다면 일주일에 단 한 번만 통근을 하더라도 집에서 1천 킬로미터 떨어진 곳에서 일하는 것이 가능하다.

속도 잠재력의 증가는 지역 변화의 주요 벡터다. 사물의 실제를 깊이 있게 이해하려면 지역적인 것이 세계적인 것 안에 내재되어 있다는 생각에서 벗어나, 세계 아래에 지역이 속하는 것이 아니라 이 두 스케일이 공존한다는 그물망 개념으로 향해야 한다(Latour, 2005). 어떤 대상의 지역적인 혹은 세계적인 본질은 다른 존재들과 어떻게 연결되느냐에 따라 결정된다.

도시계획과 개발의 관건은 여러 네트워크들이 조화롭게 자리 잡게 하고 시간적·공간적 규모 사이의 공백을 메우는 역량에 달려 있다. 또한, 지역 층위에서 많은 공익(치안, 효율적인 위생 시스템, 정치적 참여, 상업적 경쟁 등)이 실현되도록 하여 주민들이 도시에 정착하고 만족스러운 삶을 누릴 기회를 제공해야 한다. 효율성, 상업, 안전, 정의의 장소이자 쾌락, 우정, 편안함, 정체성을 누릴 장소여야만 도시의 다원성이 유지된다.

테제 5. 환경 속 물리적 인공물의 배치는 맥락에 일관성을 부여한다. 어떤 환경의 물리적 측면이 응집성을 갖는지는 행위자에게 신호로 작용하며, 이는 행위자의 욕구와 프로젝트를 규정한다.

물리적 인공물이 환경의 수용력에 끼치는 영향은 그 공간적 배치에 따라 좌우된다. 물리적 인공물들은 하나의 총체로 작용해 맥락을 만들어 내고, 어느 정도 일관성을 갖게 된 이 맥락은 사람들이 특정한 프로젝트를 채택하게 한다. 예를 들어, 환경친화적 아파트 단지가 매력적이려면 편의시설이 많고 대중교통 서비스가 우수하며 자전거로 인근 지역으로 오가기가 편리한 도시 환경에 위치해야 한다. 그렇지만, 자동차 중심으로 설계되어 인구밀도에 대한 고려나 보행자 구역의 확보가 제대로 진행되지 않은 동네에 트롤리를 놓는 것은 환경 맥락에 어울리지 않는다. 트롤리가 제공하는 접근성은 아주 제한적일 것이다. 걸어가야 하는 거리가 너무 길고, 경로 파악도 불완전하기 때문이다. 이런 상황에서는 사람들이 트롤리 이용을 선호하지 않을 것이다.

게다가 생활 방식에 대한 욕구는 아주 다양해서, 대부분의 건축이나 개발 결정은 소수의 사람들만을 만족시킬 수밖에 없다. 어떤 지역이 사람들을 끌어들이기 위해서는 다양한 응집 효과를 갖는 맥락들을 제공하여 서로 다른 프로젝트를 가진 행위자들이 모두 환영 받는다는 느낌을 받도록 해야 한다. 주거 욕구에 관한 사례들은 이 점을 잘 보여 준다. 이 책에서 다룬 여러 연구들은 여러 가지 특성을 갖는 환경이 하나의 지리적 공간에 여러 유형의 가족들이 공존하게 한다는 것을 밝혀 주었다. 베른의 교외 지역이 대표적인 사례다. 우발적인 사건은 단 하나의 요인 때문에 일어나는 것이 아니라, 주택 정책, 대중교통 개발, 구조 혁신 등 여러 요인들이 겹칠 때 발생한다. 지속 가능한 마을을 내세우는 것처럼 동질성을 추구하고 특정 생활양식의 발전에 유리한 요인들만을 앞세우는 정책은 장기적으로 배타적인 결과를 낳아 생활양식과 인구 범주의 공간적 분리를 부추길지도 모른다.

| 테제 6. 일반적으로 공공정책은 환경이 갖는 프로젝트 수용력에 큰 영향을 끼치기가 어렵다.

이 연구의 의미 있는 대목 중 하나는 즉흥적이고 비공식적인 우연한 선택이 도시 및 지역 역학에서 중요한 역할을 한다는 것이다. 물론 모두가 그렇다고 말할 수는 없다. 그러나 당국이 다른 용도로 만들어 내고 유지해 온 시스템과 장치들을 채택한 후 변형시키는 행위자들의 창의적인 논리는 법률, 절차, 계획, 인공물의 형태로 구체화된 공적 결정과 갈등 관계에 놓일 때가 많다는 사실은 확인할 수 있다.

이는 집단 및 개인 민간 행위자가 이동 혹은 모빌리티를 지향하는 다양한 모틸리티를 지니고 있다는 사실과 관련이 깊다.

이런 맥락에서 지역 당국이 해당 정책과 관련된 모틸리티를 이해하지 못하면, 또 환경의 수용력을 더 키우거나 (정치적 목표에 따라) 줄이려는 적절한 조치로 대응하지 않는다면, 당국은 도시 역학에 실질적인 영향을 미칠 수가 없다.

지역 당국은 훨씬 이동하기 쉬운 개인 및 집단 행위자들과 달리 모빌리티만을 지향할 수밖에 없는 한계가 있다. 이 한계는 국제 교류의 자유화와 연결되면서 한층 복잡해졌다.

> 테제 7. 도시와 그 주변 환경은 개인 및 집단 행위자들이 보여 주는 다양한 모틸리티 유형의 공존에 기초하여 정의할 수 있다. 이 공존은 환경의 수용력이 발달했다는 증거이기도 하다.

현대적이고 서구적인 도시란 무엇인가라는 질문에, 우리는 '도시 = 밀도 + 다양성'이라는 공식으로 답할 수 있다(Lévy, 1999). 따라서 다음 요소들은 이 구조에서 필수적이다.

- 무엇보다 도시는 인접성과 연결성에서부터 가역성과 비가역성에 이르는 공간적 관계 차원에서 큰 잠재력을 지닌 장소이다. 이 공간적 관계는 (활동이 비교적 연속적인 영역인) 단기적, (다른 활동 영역에 참여할 기회라는 측면의) 중기적, (삶의 여정 전체와 관련된) 장기적인 것으로 분류해 볼 수 있다. 쉽게 말해, 도시는 다양한 모틸리티를 포괄하는 거대한 수용력을 가진다.
- 그러나 어떤 맥락이 가지는 수용력의 요소들만으로는 도시를 정의하기에 불충분하다. 이 수용력을 이용하는 행위자들의 프로젝트도 고려되어야 한다. 도시가 성립하려면, 이동보다는 모빌리티를 추구하는 프로젝트를 지닌 행위자들이 있어야 한다.

모틸리티를 모빌리티로 바꾸는 집단 행위자들만으로 도시가 존재하는 것도 아니다. 이들의 의도는 맥락과 만나 실현되어야 한다.

Paris, Salon du livre 2011 - Fanny Steib

테제 8. 각각의 도시들은 고유한 모틸리티를 가진다. 이 모틸리티는 그 자체의 강도, 속도, 추세를 가지고 있으며, 변화를 지향하거나(그래서 모빌리티가 되거나) 반대로 이동을 향한다. 도시의 모틸리티는 그 도시성urbanness을 정의한다.

우리는 도시를 풍부한 수용력을 지닌 맥락과의 만남이자, 행위자들의 모빌리티 지향적인 모틸리티라고 규정한다. 이 만남에서 다른 도시와 도시성의 차이를 갖는 하나의 '도시가 탄생한다.

 그 연장선상에서 이 책의 분석은 도시의 특징을 모빌리티 측면에서, 즉 변화나 이동 역량(다시 말해 공간을 '이동'하는 능력)의 측면에서 이해할 수 있음을 보여 준다. 따라서 도시의 모빌리티는 환경과 그 수용력을 형성하고 이용하는 개인/집단, 공공/민간 행위자들의 능력과 관계가 있다.

 도시 수용력의 정도는 도시의 모빌리티와 밀접하다. 모빌리티 역량이 클수록 행위자들의 기획을 더 잘 받아들인다. 하지만 도시가 변화에 굼뜬 도시라면, 도시의 수용력은 줄어든다.

테제 9. 도시의 모빌리티는 도시의 매력을 결정한다.

모빌리티 역량이 뛰어난 도시는 행위자들에게 가장 매력적이다. 특히 도시의 변화 역량은 역동성을 보장하고 혁신적 환경의 기저를 이루기 때문에 집단 행위자들을 끌어들인다.

일반적으로 말해서, 모빌리티 역량을 갖춘 도시는 변화의 능력을 가지고 있으므로 질적으로 훌륭한 삶을 제공하고 더 매력적인 도시가 된다. 삶의 질은, 소득이 아니라 다른 요인들에 달려 있다. 챔버스는 "건강, 안전, 자존감, 정의, 상품과 서비스에 대한 접근성, 가족과 사회생활, 의례와 기념, 창의성, 어떤 장소와 계절과 하루가 주는 기쁨, 즐거움, 정신적 체험과 사랑'을 그 예로 들었다(Chambers, 1995: 196). 우리는 이 목록이 쇼핑 리스트가 아니라 삶의 질을 결정하는 생생하고 공유된 경험들을 담고 있음을 금방 눈치챌 수 있다. 모빌리티 도시는 다양한 차원의 기회를 제공하며, 여러 자산들의 자유로운 배치를 가능하게 하므로 복수적인 경험을 허락한다.

테제 10. 도시정책도 당연히 모빌리티의 일종이다.

도시의 조화로운 발전을 강화하려는 도시정책은 모빌리티와 큰 관련이 있다.

물론 모든 정책을 빠른 교통 서비스와 인프라라는 단순한 문제로 환원할 수는 아니다. 모빌리티 정책은 도시의 변화와 변형을 꾀한다. 동시에 신속한 교통 서비스와 인프라는 이동의 가역성을 증가시키고, 행위자들이 모빌리티보다는 이동에 기초하는 모틸리티 전략을 채택하도록 유도한다. 어떤 지역에서 모빌리티를 정착시키고 다양성을 증가시키려면 시간이 걸린다.

장기적으로 볼 때, 정보통신 기술은 흥미로운 역설을 제기한다.

한편으로는 즉각적인 것을 상징하지만, 동시에 어떤 공간에 닻을 내리고 완전히 이동하지 않도록 돕는 역할을 하기 때문이다. 행위자들의 이동 기반 모빌리티만을 일방적으로 확장하는 것처럼 보일지 몰라도, 정보통신 기술이 도시와 지역에 미치는 영향은 훨씬 더 이중적이고 모빌리티 강화에 기여한다.

7.3 모틸리티의 규제에 관하여

이 책은 이동과 모빌리티에 기반하여 도시 지역에서 진행되고 있는 크나큰 변화를 다루었다. 당연한 말이지만 이 새로운 도시 건설 과정에서 권력투쟁과 행위의 변화가 가장 먼저 영향을 미친 지점은 정치적 차원이다. 공공기관과 민간 조직 간의 권력 공유는 지역 당국이 단독으로 단선적 방식(문제를 발견하고, 평가에 기초하여 진단하고, 잠재적 해결책의 실행 방법을 결정하는 방식)에 따라 진행하는 고전적 의사결정 과정을 의문시하게 만들었다. 기존의 의사결정 과정은 개인과 집단, 공공 행위자와 민간 행위자가 여러 경로로 계속 줄다리기를 진행하면서 논의를 되풀이하는 과정으로 대체되었다.

공공기관이 가졌던, 선택과 의사결정 과정을 통제하는 권력의 약화는 이동에 관련된 행위자들의 서로 다른 모틸리티가 초래한 것이다.

산업사회는 언제나 사회적 모빌리티를 중시해 왔다. 사회적 모틸리티는 사회경제적 처지를 향상시키려는 개인의 욕망에 기초한 집단적 역학의 발전을 이끌었다. 사람들은 능력주의에 따라 삶과 사회적 지위를 상승시키기 위해 생산에 투자한다. 근본적으로 불평등한 사회적 위치를 차지하기 위해 경쟁하려면, 역설적이지만 평등주의 담론이 유지되어야만 한다. 이 역설은 흔히 모든 행위자에게 평등한 경쟁을 보장하는 기본 규칙이 확립되었다고 여겨질 때 해소된다. 비판적 사회학에서는 이 논리의 약점을 여러 차례 지적한 바 있다.

우리가 사는 현대에서 모빌리티에 대한 이해 방식은 위의 논리와 일부 겹친다. 공간 모빌리티는 자유라는 개념을 구현한다. 행위자들은 시공간의 제약 없이 자신이 원하는 대로 상대방과 접촉한다. 사회적 모빌리티 차원에서, 더 나은 사회적 위치를 차지하는 사람들은 제약 없는 이동이라는 논리를 더 쉽게 받아들이고 따르는 사람들이다. 이런 주장에서 엿보이는 모빌리티 이데올로기의 특징은 사회적 모빌리티와 공간 이동을 혼동하는 것이다.

이 이데올로기는 대부분의 나라에서 자유무역을 허용하고, 생산지와 자본과 노동력의 이전이 늘어나고, 공공기관의 모틸리티와 다른 행위자들의 모틸리티 간 균형이 깨지게 하는 결과를 낳았다. 개인, 회사, 자본은 이동 능력(물리적 장소의 변화)을 발휘하기가 쉬워졌지만, 본래 지역화된 공공기관의 경우에는 그렇지 못했다.

한 걸음 더 나아가서 생각해 보자. 이동은 기업과 구직자들의 생존 문제로, 금융 분야 이익의 중요 지표로 자리했다. 이동은 공간적 제약에서 풀려나 원하는 프로젝트를 실현시켜 주는 것이기도 하지만, 원치 않는 공간적 모빌리티를 강요하는 것이기도 하다. 이동에 필요한 기술은 불균등하고 불평등하게 배분된 자원이므로, 이동과 통근의 증가는 평등의 요소인 것만큼이나 불평등의 요소이기도 하다.

이러한 상황에서, 국가가 도시와 지역의 변화를 관리한다는 것은 여러 행위자들의 모틸리티를 규제한다는 뜻이 된다. 그렇게 하려면 행위자들의 이동 및 모빌리티의 기초를 이루는 행위 논리를 먼저 이해해야만 한다. 행위자들은 테크놀로지 시스템을 개인적이거나 집단적인 프로젝트를 위해 이용하면서 고도로 전문화된 기술과 창조적인 능력을 발휘한다. 따라서 정책을 실행하기에 앞서 모틸리티를 규제할 때 가장 중요한 과제는, 모틸리티를 통제할 수단을 확보하기 위해 그 사회적·공간적 함축을 설명하고 분석하는 도구를 마련하는 동시에, 지역적·경제적·사회적·환경적인 악영향을 끼치지 않는 것이다.

도시성이 모틸리티에 달려 있다면, 모틸리티 정책은 이동과 모빌리티 프로젝트들이 갖는 다양성을 인식하고 이를 발전시키기 위해 노력해야 한다. 인센티브 정책이나 사전 억제책을 포기해야 한다는 말이 아니라, 오히려 금지와 제약을 없애야 한다는 의미다.

실제로 특정 유형의 이동을 억제하는 정책은 비효율적이고 부당한 결과를 낳을 때가 많다. 많은 행위자들은 어떤 식으로든 규정을 회피할 방법을 찾는다. 그런 정책들은 원래 개선하고자 했던 문제보다 더 심각한, 원치 않는 결과로 귀결되기 때문에 비효율적이다.

그리고 이 정책들은 규정을 회피하지 못하는 사람들에게 가장 큰 영향을 끼치고 고통을 주기 때문에 부당하다.

도시와 지역의 변화는 그 기능을 이해하고 그에 따라 행동할 수 있게 하는 새로운 도구를 필요로 한다. 도시와 지역을 개발지향적인 법적 조치에 기대어 통제할 수 있다는 생각은 오늘날의 공간적 역동성을 제대로 반영하지 못한다. 폐쇄적이고 고정된 도시 개념, 위계적으로 조직된 러시아 인형으로서의 도시 개념을 거치며 변화해 온 도시계획 개념에는 이제 세망형 공간과 리좀형 공간이 포함되어야 한다. 그렇게 하지 않으면 행위자들의 행동을 통제할 수 없게 될 것이다.

7.4 도시와 지역 변화의 수단을 바꿔야 한다

모빌리티와 이동의 행위 논리에 대한 탐사는 자연스레 그 정치적·사회적 결과를 탐구하게 하며, 따라서 현대사회의 구조와 기능을 더 상세하게 분석할 수 있게 한다. 우리는 다원주의나 개인주의 같은 생활양식의 변화만이 아니라 이를 추동한 새로운 기술적·사회적 형식들, 즉 경제구조의 발전과 기술의 혁신, 관습 변화와 그 결과로 나타난 새로운 형태의 불평등, 기회, 신체적 긴장, 사회적·문화적 갈등까지도 고려해야 한다.

교통과 통신 분야의 분석에만 매몰되지 않는 것도 중요하다. 이 분야와 연관된 대상이나 사람들 역시 모두 인간 활동의 부산물이다. 행위자들의 모틸리티가 기초하는 영역들은 대체로 교통이나 통신과는 간접적으로만 연결되어 있다. 따라서 모틸리티의 규제는 문화적 역동성, 유아 관련 정책과 절차, 어떤 지역의 사회적 다양성 등의 수많은 영역에 영향을 줄 것이다.

이제, 지역 개발은 더 이상 공학과 건축의 영역이라고 여겨서는 안 된다.

Ansay, P., Schoonbrodt, R. (1989) *Penser la ville*, Editions des Archives d'Architecture Moderne,Bruxelles.

Ascher F. (1995) *Métapolis ou l'avenir des villes*, Odile Jacob, Paris.

Ascher, F. (1998) *La République contre la ville*, Editions de l'aube, La Tour d'Aigues.

Ascher, F. (2003) "Migration", in Lévy J. and Lussault M. (eds.) *Dictionnaire de la géographie et de l'espace des sociétés*, Belin, Paris.

Augé, M. (1992) *Non-lieux*, Paris, Seuil.

Authier, J.-Y and Lévy, J.-P. (2002)"L'étude des rapports résidentiels des citadins: une approche compréhensive des mobilités en milieu urbain," in Lévy J.-P. Dureau F. (eds.) *L'Accès à la ville. Les mobilités spatiales en questions*, L'harmattan, Paris, pp. 329-354.

Bassand, M. et al. (1985) *Les suisses entre la mobilité et la sédentarité*, Presses polytechniques et universitaires romandes, Lausanne.

Bassand, M. and Kaufmann, V. (2000) "Mobilité spatiale et processus de métropolisation: quelles interactions?" in M. Bonnet and D. Desjeux (eds.) *Les territoires de la mobilité*, PUF, Paris, pp. 129-140.

Bassand, M., Brulhardt, M.-C. (1980) *Mobilité Spatiale*, St-Saphorin, Georgi.

Bauman, Z. (2000) *Liquid Modernity*, London, Polity.

Bavoux, J.-J., Beaucire, F., Chapelon, L. and Zembri, P. (2005) *Géographie des transports*, Armand Colin, Paris.

Beaucire, F. (1996) *Les transports publics et le ville*, Editions Milan, Toulouse.

Bebbington, A., (1999) «Capitals and Capabilities: A Framework for Analyzing Peasant Viability, Rural Livelihoods and Poverty», *World Development*, 27(12) 2021-2044.

Beck, U. (2006) *Qu'est-ce que le cosmopolitisme?* Aubier, Paris.

Bénatouïl (1999) "A tale of two sociologies. The critical and the pragmatic stance in contemporary French sociology," *European Journal of Social Theory*, 2 (3) 379-396.

Bidou-Zachariasen, C. (dir.) (2003) *Retours en ville*, Descartes & Cie, Paris.

Bieber, A. (1995) "Temps de déplacement et structures urbaines" in Duhem D. et al. (eds.) *Villes et transports. Actes du séminaire Tome 2*, Plan Urbain, Paris, pp. 277-281.

Bisang, K., Knoepfel, P. (1999) "Umweltschutz: Politische Prioritäten, persönliche Einstellungen und Verhaltensweisen der Stimmberechtigten," UNIVOX Teil II Umwel, Bern/Zürich: GfSForschungsinstitut.

Boltanski, L., Chiapello, E. (2007) *The New Spirit of Capitalism*, Verso, London.

Boltanski, L., Thévenot, L. (2006) *On Justification*, Princeton University Press, Princeton.

Bonvalet, C. (1998) "Accession à la propriété et trajectoires individuelles," in Grafmeyer Y., Dansereau, F. (eds.) (1998) *Trajectoires familiales et espaces de vie en milieu urbain*, Presses universitaires de Lyon, Lyon, pp.235-262.

Boorstin, D. (1964) *The Image: a Guide to Pseudo-Events in America*, Harper, New York.

Bott, E. (1957) *Family and Social Networks*, Tavistock, London.

Boudon, R. (1995) *Le juste et le vrai*, Fayard, Paris.

Breviglieri, M. (2006) "La décence du logement et le monde habité. Une enquête sur la position du travailleur social dans les remous affectifs de la visite à domicile," in J. Roux (ed.), *Sensibiliser. La sociologie dans le vif du monde*, Éditions de l'Aube, La Tour d'Aigues, pp. 90-104.

Breviglieri, M. (2002) "L'horizon du ne plus habiter et l'absence du maintien de soi en public," in Daniel, Céfaï and Isaac Joseph (eds.), *L'héritage du pragmatisme. Conflits d'urbanité et épreuves de civisme*, Éditions de l'Aube, Paris, pp. 319-336.

Brown, A., Lloyd-Jones, T. (2002) "Spatial Planning, Access and Infrastructure," in Rakodi, C., Lloyd-Jones, T. (Eds), *Urban Livelihoods: A People-Centred Approach to Reducing Poverty*, Earthscan, London.

Burnett, P. and Thrift, N. (1979) "New Approaches to Understanding Travaller Behaviour" in D. Henscher P. Stopher (eds.) *Behavioural Travel Modeling*, Croon Helm, London, pp. 116-134.

Callon, M. (ed.) (1998) *The Laws of the Market*, Blackwell Publishers, London.

Cass, N., Shove, E. and Urry, J. (2003) "Social exclusion, Mobility and Access," *Sociological Review*, 53, pp. 539-555.

Castells, M. (1996) *The Rise of the Network Society – The Information Age*, Blackwell: Oxford.

Chambers, R. (1995) "Poverty and livelihoods: whose reality counts?" *Environment and Urbanization*, 7(1) 173-204.

Chambers, R. and Conway, G. (1992) *Sustainable Rural Livelihoods: Practical Concepts for the 21st Century*, IDS DP296.

Champion, A. (ed.) (1989) *Counterurbanization*, Edward Arnold, London.

Charmes, E. (2005) *La vie périurbaine face à la menace des gated communities*, L'harmattan, Paris.

Choko M. (1994) "La propriété à tout faire – arguments et fictions", in: *Les annales de la recherche urbains*, 65, 4-13.

Coleman, J. (1988) "Social capital and the creation of human capital", *American Journal of Sociology*, 94, 95-121.

Colloque de Royaumont (1979) *Transport et Société*, Economica, Paris.

Corboz, A. (2001) *Le territoire comme palimpseste et autres essais*, Editions de l'imprimeur, Paris.

Courgeau, D. (1970) *Les champs migratoires en France*, PUF, Paris.

Cresswell, T. (2006) *On the Move. Mobility in the Modern Western World*, Routledge, London.

Damon J. (ed.) (2009) *Vivre en ville*, Presses universitaires de France, Paris.

Davidson, M. and Lees, L. (2005) "New-build 'gentrification' and London's riverside renaissance," *Environment and Planning A* 37(7), 1165-1190.

De Boer, E. (1981) *Transport Sociology – Social Aspects of Transport Planning*, Pergamon Press, London.

de Certeau, M. (1980) *L'invention du quotidien 1: Arts de faire*, Gallimard, Collection Folio, Paris.

de Haan, L., Zoomers, A. (2003) "Development Geography at the Crossroads of Livelihood and Globalisation," in *Tijdschrift voor Economische en Sociale Geografie*, 94(3), 350-362.

Debardieux, B. (2003)"Territoire" in Lévy, J., Lussault, M., *Dictionnaire de la géographie et de l'espace des sociétés*, Berlin, Paris.

Deleuze, G., Guattari, F. (1980) *Milles plateaux : schizophrénie capitaliste*, Editions de Minuit, Paris.

Dietrich, W. (1990) *Mobilité et renouvellement local de l'emploi*, EPFL Thesis 831, Swiss Federal Institute of Technology (EPFL), Lausanne.

Dollinger, H. (1972) *Die Totale Autogesellschaft*, Carl Hanser Verlag, Munich.

Donzelot, J. (2004) "La ville à trois vitesses: gentrification, relégation, périurbanisation," *Esprit*, March-April.

Dubet, F. (1994) *Sociologie de l'expérience*, Seuil, Paris.

Dubois-Taine, G. and Chalas, Y. (eds.) (1997) *La ville émergente*, Editions de l'aube, La Tour d'Aigues.

Duchac, R. (1974) *La sociologie des migrations aux Etats-Unis*, Mouton, Paris.

Duhem, B. et al. (eds.) (1995) *Villes et transports. Actes du séminaire Tome 2*, Plan Urbain, Paris.

Dupuy, G. (1978) *Urbanisme et technique. Chronique d'un mariage de raison*, Paris, Centre de recherche d'urbanisme.

Dupuy, G. (1999) *La dependence automobile*, Anthropos, Paris.

Dupuy, G. et Bost, F. (eds.) (2000) *L'automobile et son monde*, Editions de l'aube, La Tour d'Aigues.

Elster, J. (1983) *Explaining Technical Change: a Case Study in the Philosophy of Science*, Cambridge University Press, Cambridge.

Evans, P. (2002) *The Livable City*, RIBA Publications Ltd., London.

Feifer, M. (1985) *Going Places*, Macmillan, London.

Fischer, F. (1990) *Technocracy and the Politics of Expertise*, Sage, Newbury Park CA.

Flamm, M. (2004) *Comprendre le choix modal. Les déterminants des pratiques modales et des représentations individuelles des moyens de transport*, EPFL Thesis 2897, Swiss Federal Institute of Technology (EPFL), Lausanne.

Florida, R. (2005) *Cities and the Creative Class*, Routledge, London & New-York.

Foucault, M. (2004) *Sécurité, territoire, population: cours au Colège de France* (1977-1978), Gallimard/Seuil, Paris.

Fourquet, F. and Murard, L. (1973) *Les équipements du pouvoir Villes, territoires et équipements collectifs*, Editions 10/18, Paris, 27-45.

Froud, J., Haslam, C., Johal, S. Jullien, B., Williams, K. (2000) "Les dépenses de motorisation comme facteur d'accentuation des inégalités et comme frein au développement des entreprises automobiles: une comparaison franco-anglaise", in *L'Automobile et son Monde*. Dupuy, G., Bost, F. (eds.). Editions de l'Aube, Paris 75-96.

Froud, J., Johal, S., Leaver, A., Williams, K. (2005) "Different Worlds of Motoring: choice, constraint and risk in household consumption", *Sociological Review*, 53, 96-128.

Fulford, C. (1996) "The compact city and the market," in Jenks, M., Burton, E., Williams, K. (eds) *The Compact City – a Sustainable Urban Form?*, Spon, London & New-York.

Gains, F., John, P., Stoker, G. (2005) "Path dependency and the reform of English local government," *Public Administration* 83(1), 25-45.

Gallez, C., Maksim, H. (2007) "À quoi sert la planification urbaine? regards croisés sur la planification urbanisme-transport à Strasbourg et à Genève" *Flux*, 69, 49-62.

Gaudin, J.-P. (1999) *Gouverner par contrat. L'action publique en question*, Presses de Sciences Po, Paris.

Gazzola, A. (2003) *Trasformazioni urbane*, Liguori Editore, Naples.

Genard, J.-L. (2008) "A propos du concept de réflexivité," text presented at l'EPFL the 14 February 2008 in a seminar series on *New approaches in Urban Sociology*.

Gerometta, J., Häusserman, H., Longo, G., (2005) "Social Innovation and Civil Society in Urban Governance: Strategies for an Inclusive City," *Urban Studies*, 42 (11) 2007-2021.

Gibson, J.J. (1979) *The Ecological Approach to Visual Perception*, Houghton Mifflin, Boston.

Giddens, A. (1984) *The Constitution of Society*, Polity Press, Cambridge.

Gout, P. (2000) *Urbanisme et transport en Allemagne – les quartiers nouveaux sans voiture*, Institut für Landes- and Stadtentwicklungsforschung des Landes Nordrhein-Westfalen, Dortmund.

Grafmeyerv Y., Joseph, I. (1979) *L'école de Chicago. Naissance de l'écologie urbaine*, Champs Flammarion, Paris.

Grafmeyer, Y., Dansereau, F. (eds.) (1998) *Trajectoires familiales et espaces de vie en milieu urbain*, Presses universitaires de Lyon, Lyon.

Graham, S. (ed.) (2010) *Disrupted Cities – When Infrastructure Fails*, Routledge, London.

Graham, S., Marvin, S. (2001), *Splintering Urbanism*, Routledge, London.

Granovetter, M. (1985) "Economic Action and Social Structure: The Problem of Embeddedness," *American Journal of Sociology*, 91(3), 481-450.

Haas, P. M. (1964) *Beyond the Nation-State: Functionalism and International Organization*. Stanford University Press, Stanford.

Haas, P. M. (1990) *Saving the Mediterranean: The Politics of International Environmental Cooperation*. Columbia University Press, New York.

Haas, P. M. (1992). "Introduction: Epistemic Communities and International Policy Coordination," *International Organization*, 46, 1-35.

Hägerstrand, T. (1975) "Space, time and human conditions," in Karlqvist A.., et al., (eds.) *Dynamic Allocation of Urban Space*, Saxon House Lexington Book, Lexington.

Halbwachs, M. (1970) *Morphologie sociale*, Armand Colin, Paris.

Harvey, D. (1990) *The Condition of Postmodernity*, Blackwell, Oxford.

Heinelt, H., Kübler, D.(eds.)(2005). *Metropolitan Governance. Capacity, Democracy and the Dynamics of Place*, Routledge, Oxon/New York, 8-28.

Hischmann, A. (1986) *Vers une économie politique élargie*, Le Seuil, Paris.

Hofmeister H. (2005). "Geographic mobility of couples in the United States: Relocation and commuting trends," *Zeitschrift für Familienforschung*, Heft 2/2005, 115-128.

Hommels, A. (2005) *Unbuilding Cities. Obduracy in Urban Sociotechnical Change*, MIT Press, Cambridge/MA.

Jemelin C., et al. (2005), Politiques de transport et inégalités sociales d'accès, analyse comparative de huit agglomérations européennes, Rapport PREDIT 3, Ecole Polytechnique Fédérale de Lausanne, Lausanne.

Jenks, M., Burton, E. and Williams, K. (eds.) (1996) *The Compact City – A Sustainable Urban Form?*, Spon, London.

Joly, I. (2005)"L'allocation du temps au transport – De l'observation international des budgets-temps de transport aux modèles de durée," Doctoral Thesis, Université Lyon 2, Lyon.

Joly, I., Littlejohn, K. Kaufmann, V. (2006) "La croissance des budgets temps de transport en question: nouvelles approaches," final report, LET – LaSUR, Lyon & Lausanne.

Jones, P. (1979) "New Approaches to Understanding Traveller Behaviour: the Human Activity Approach," in: Henscher, D., Stopher. P. (eds.) *Behavioural Travel Modeling*, Croon Helm, London, pp. 55-80.

Judge, D., Stoker, G. Wolman, H. (eds.) (1995) *Theories of Urban Politics*. Sage Publications, London/Thousand Oaks/New Dehli.

Jurczyk, K. (1998) "Time in women's everyday lives – between self-determination and conflicting demands", *Time and Society*, 7(2), 283-308.

Kaag, M.M.A., Bruijn, M.E. de, et al. (2004) "Poverty is Bad: Ways Forward in Livelihood Research," in D. Kalb, W. Pansters and H. Siebers (eds.), *Globalization and Development. Themes and Concepts in Current Research*, Kluwer, Dordrecht, pp. 49-74.

Kaplan, C. (1996) *Question of Travel*. Duke University Press, Durham, London.

Kaufmann, V., Gallez, C. (2009) "Aux racines de la mobilité en sciences sociales: contribution au cadre d'analyse socio-historique de la mobilité urbaine," in Flonneau, M., Guigueno, V. (eds.) *De l'histoire des transports à l'histoire de la mobilité*. Presses Universitaires de Rennes, Rennes, pp. 41-55.

Kaufmann, V., Sager, F. (2006)"Co-ordination of the local policies for Urban Development and Public Transportation in Four Swiss Cities" *Journal of Urban Affairs*, 28 (4), 353–373

Kaufmann, V. (2002) *Re-thinking Mobility*, Ashgate, Aldershot.

Kaufmann, V. (2005) "Mobilités et réversibilités: vers des sociétés plus fluides?" *Cahiers Internationaux de Sociologie*, CXVIII, 119-135.

Kaufmann, V. (2008) "De l'espace au temps: ces mobilités hybrides qui transforment la ville," in Paulhiac, F., et Chalas, Y. (eds.) *Actes des deuxièmes rencontres internationales de l'urbanisme de Grenoble*, collections du CERTU, Lyon.

Kaufmann, V. (2008) *Les paradoxes de la mobilité*, Presses polytechniques et universitaires romandes, Lausanne.

Kaufmann, V., Jemelin, C., Guidez J.-M. (2001) *Automobile et modes de vie urbains: quel degré de liberté?* La Documentation Française, Paris.

Kaufmann, V., Schuler, M., Crevoisier, O., Rossel, P. (2004) "Mobilité et motilité: de l'intention à l'action," *Cahier du LaSUR*, 4, Swiss Federal Institute of Technology (EPFL), Lausanne.

Kaufmann, V., Sager, F., Ferrari, Y., Joye D. (2003) *Coordonner transport et urbanisme*, Presses polytechniques et universitaires romandes, Lausanne.

Kaufmann, V., Bergman, M., Joye, D. (2004). "Motility: mobility as capital,"

International Journal of Urban and Regional Research, 28, 4, 745-756.

Kaufmann, V., Vivy, G., Widmer, E., (2010) "Motility" in Collet B. and Schneifer N. (eds.) *Mobile living across Europe II - causes and determinants of job mobility and their individual consequences*, Barbara Budricht, Opladen.

Keeling, D. (1995) "Transport and the World City Paradigm," in *World Cities in a World-System*, Cambridge University Press, Cambridge, pp. 115-131.

Kennedy, P. (2004) "Making Global Society: Friendship in Networks among Transnational Professionals in the Building Design Industry," *Global Networks* 4(2), 157-179.

Kesselring, S. (2005) "New mobilities management. Mobility pioneers between first and second modernity," *Zeitschrift für Familienforschung*, Heft 2/2005, 129-143.

Kesselring, S. (2008) "The mobile risk society," in Canzler, W., Kaufmann, V., Kesselring, S. (eds.) *Tracing Mobilities*, Ashgate, Aldershot, pp.77-102.

Kontuly, T., Vogelsang, R. (1989) "Federal Republic of Germany: the intensification of the migration turnaround," in Champion A. (ed.) (1989) *Counterurbanization*, Edward Arnold, London, pp.141-161.

Kriesi, H., Baglioni, S. (2003). "Putting local associationsinto their context: Preliminary results from a Swiss study of local associations," *Schweizerische Zeitschrift für Politikwissenschaft*, 9, 1–34.

Kriesi, H. (1996) *Le clivage linguistique. Problèmes de comprehension netre les communautés linguistiques en Suisse*. Federal Office for Statistics, Berne.

Kudera, W., Voss, G. (eds.) (2000) *Lebensführung und Gesellschaft*, Leske und Budrich, Opladen.

Lannoy, P. (2003) "L'automobile comme objet de recherché, Chicago, 1915-1940," *Revue Française de Sociologie*, 44(3), 497-529.

Larsen, J., Urry, J., Axhausen, K. (2005) *Mobilities, Networks, Geographies*, Ashgate, Aldershot.

Lascoumes, P., Le Galès, P. (2004) *Gouverner par les instruments*. Presses de Sciences Po, Paris.

Latour, B., Hermant, E. (1998) Paris, *ville invisible*, La Découverte, Paris.

Latour, B. (2005) *Reassembling the Social. An Introduction to Actor-Network Theory*, Oxford University Press, Oxford.

Le Galès, P. (2002) *European Cities, Social Conflicts and Governance*, Oxford University Press, Oxford.

Lefèvre, C. (1998). "Metropolitan government and governance in western countries: A critical review," *International Journal of Urban and Regional Research*, 22(1), pp. 9-25.

Lévy, J. (1994) *L'espace légitime*, Presses de la fondation nationale des sciences politiques, Paris.

Lévy, J. (1999) *Le tournant géographique*, Belin, Paris.

Lévy, J. (2003) "Territoire," in Lévy, J., Lussault M. (eds.), *Dictionnaire de la géographie et de l'espace des sociétés*, Belin, Paris.

Levy, R., Joye, D., Guye, O., Kaufmann, V. (1997) *Tous égaux? De la stratification aux representations*, Seismo, Zurich.

Lijphart, A. (1975) "The Comparable-Cases Strategy in Comparative Research," *Comparative Political Studies*, 8(2), 158-177.

Linder, W. (1994) *Swiss Democracy. Possible Solutions to Conflict in Multicultural Societies*. MacMillan Press, London.

Lofland, L. (1998) *The Public Realm. Exploring the City's Quntessential Social Territory*, Aldine de Gruyter, New York.

Lorrain, D. (2004) "Les pilotes invisibles de l'action publique. Le désarroi du politique?" Lascoumes, Le Galès (eds.) *Gouverner par les instruments*. Presses de Sciences Po., Paris.

Lussault, M. (2007) *L'homme spatial*, Seuil, Paris.

Mac Fadden, D. (1974) "Conditional logit analysis of qualitative choice behavior", in P. Zarembka (ed.) *Frontiers in Econometrics*, Academic Press, New York.

Mahoney, J. (2000) Path Dependence in Historical Sociology, *Theory and Society*, 29(4) 507-548.

Maillat, D., Kébir, L. (1999) "Learning Region et systèmes de production territoriaux," *Revue d'économie régionale et urbaine*, 3, 429-447.

Maurin, E. (2004) *Le guetto français*, Editions du Seuil, Paris.

McKenzie, R. D. (1927) "Spatial distance and community organization pattern," Social forces, 5(4), 623-627.

Meissonnier, J. (2001) *Provinciliens: les voyageurs du quotidian*, Editions de L'Harmattan, Paris.

Merlin, P., Choay, F. (1988) *Dictionnaire de l'urbanisme et de l'aménagement*, Presses universitaires de France, Paris.

Merlin, P. *La planification des transports urbains*, Masson, Paris.

Moktarian, P., Chen, C. (2004) "BTT or not BTT that is the question: a review and analysis of the empirical literature on travel time (and money) budget," *Transportation Research Part A*, 38/9, 643-675.

Montulet, B., Kaufmann, V. (eds.) *Mobilité, fluidité... liberté?* Presses de facultés St.-Louis, Brussels.

Montulet, B. (1998) *Les enjeux spatio-temporels du social – mobilités*, L'Harmattan, Paris.

Mossberger, K., Stocker, G. (2001) "The evolution of urban regime theory: the challenge of conceptualization," *Urban Affairs Review*, 36, 810-835.

Müller, P. (2008) "Les politiques publiques," Presses universitaires de France, Paris.

Neidhart, L. (1970) *Plebiszit und pluralitäre Demokratie*, Francke, Bern.

Newman, P., Thornley, A. (1996) *Urban Planning in Europe*, Routledge, London.

November, V. (2004) "Being close to risk: from proximity to connexity," *International Journal of Sustainable Development*, 7(3), 273-285.

Offner, J.-M., Pumain, D. (1996) (eds.) *Réseaux et territoires – significations croisées*, Editions de L'aube, La Tour d'Aigues.

Offner, J.-M. (1993) "Les 'effets structurants' du transport: mythe politique, mystification scientifique," *L'espace géographique*, 3, 233- 242.

Offner, J.-M. (1995) "La socio-économie des transports: histoire critique," Duhem, B. et al. (eds.) *Villes et transports. Actes du séminaire Tome 2*, Plan Urbain, Paris, pp. 239-246.

Orfeuil, J.-P. (1994) *Je suis l'automobile*, Editions de l'Aube, La Tour d'Aigues.

Orfeuil, J.-P. (ed.) (2004) "Transport, pauvreté, exclusion," Editions de l'Aube, La Tour d'Aigues.

Papadopoulos, Y. (1998) *Démocratie directe*, Economica, Paris.

Papadopoulos, Y. (ed.) (1994) *Elites politiques et peuples en Suisse. Analyse des votations fédérales: 1970-1987*, Réalités sociales, Lausanne.

Pattaroni, L., Kaufmann, V. (2011) Livelihood as territory, unpublished paper, EPFL, Lausanne.

Pattaroni, L., Togni, L. (2009) "Logement, autonomie et justice: du bail associatif et de quelques autres compromis en matière de logement social à Genève," *Habitat en devenir*, Presses Polytechniques et universitaires romandes, Lausanne.

Pattaroni, L. (2006) "La ville plurielle: quand les squatters ébranlent l'ordre urbain," in Bassand M., Kaufmann, V., Joye, D. (eds.), (2nd edition), *Enjeux de la sociologie urbaine*, Presses polytechniques et universitaires romandes, Lausanne.

Pattaroni, L., Kaufmann, V., Thomas, M.-P. (2011) "The Dynamics of Multifaceted Gentrification: A Comparative Analysis of the Trajectories of Six Neighbourhoodsin the Île-de-France Region," *International Journal of Urban and Regional Reseach*, in press.

Pattaroni, L., Thomas, M.-P., Kaufmann, V. (2009) *Habitat urbain durable pour les familles*, PNR54, Cahiers du Lasur, 12, EPFL- LASUR, Lausanne.

Pedrazzini, Y., Bolay, J.-Cl., Kaufmann, V. (2005) *Social practices and social changes*, Lausanne, NCCR North-South / LASUR-EPFL.

Pflieger, G., Pattaroni, L., Jemelin, C., Kaufmann, V. (eds.) (2008) *The Social Fabric of the Networked City*, EPFL Press/Routledge, Lausanne/London New-York.

Pflieger, G., Kaufmann, V., Pattaroni, L., Jemelin, C. (2009) "How Does Urban Public

Transport Change Cities? Correlations between Past and Present Transport and Urban Planning Policies," *Urban Studies*, 46(7), 1421-1437.

Pharoah, T., Apel, D. (1995) *Transport concepts in European cities*, Avebury Studies in Green Research, Aldershot.

Pierson, P. (2000), "Increasing returns, path dependence and the study of politics," *American Political Science Review*, 94(2), 251-260.

Pooley, C., Turnbull, J. (1998) *Migration and mobility in Britain since the 18th Century*, UCL Press, London.

Pucher, J. (1998) "Urban transport in Germany: providing feasible alternatives to the car," *Transport Reviews*, 18(4), 285-310.

Putnam, R. (2000) *Bowling Alone*, Simon & Schuster, New-York.

Rakodi, C. (2002)"A livelihoods approach – conceptual issues and definitions," in Rakodi, C., LloydJones, T. (2002) *Urban Livelihoods: A People-Centred Approach to Reducing Poverty*, Earthscan, London, pp. 3-22.

Rapoport, A. (2005) *Architecture, Culture and Design*, Locke Science and Publication Company, Chicago.

Ravenstein, E. (1885) "The Laws of Migration," *Journal of the Statistical Society*, 48, 167-227.

Recker, W., et al. (1989) "Dynamic tests of a time-space model of complex travel behaviour," *Travel Behaviour Research*, International Association for Travel Research, Avebury.

Reichman, S. (1983) *Les transports: servitude ou liberté?* Presses universitaires de France, Paris.

Remy, J., Voyé, L. (1992) *La ville: vers une nouvelle definition?*, Editions de L'harmattan, Paris.

Rhein, C. (1994)"La ségrégation et ses measures" in Brun, J. and Rhein, C. (eds.) *La ségrégation dans la ville*, L'harmattan, Paris, pp. 121-162.

Rifkin, J. (2000) *The Age of Access*, Putnam, New York.

Rose, R., Davies, P. (1994) *Inheritance in Public Policy: Change without Choice in Britain*. Yale University Press, New Haven/London.

Rose, R. (1990) "Inheritance before choice in public policy," *Journal of Theoretical Politics*, 2(3), 263-290.

Sassen, S. (2001) *The Global City: New York*, London, Tokyo (2nd ed.), Princeton University Press, Princeton.

Scharpf, F. W. (1997) *Games Real Actors Play. Actor-Centered Institutionalism in Policy Research*. Westview Press, Boulder/Oxford.

Schneider, N. F., Limmer, R., Ruckdeschel K. (2002) *Mobil, flexible, gebunden – Familie und Beruf in der mobilen Gesellschaft*, Campus, Frankfurt am Main.

Schuler, M., Joye, D. (1988) *Le système des communes suisses*, Swiss Federal Statistics Office, Bern.

Schuler, M., Kaufmann, V., Lepori, B., Joye D. (1997) *Des mobilités à la mobilité - vers un paradigme intégrateur / Eine integrative Sicht der Mobilität: im Hinblick auf ein neues Paradigma der Mobilitätsforschung*, Conseil suisse de la science, Détection Avancée, Berne.

Sen, A. (1997) "Editorial: human capital and human capability," *World Development*, 25(12), 1959-1961.

Sen, A. (1999), *Development as Freedom*, Oxford University Press, Oxford.

Sharpe, L.J. (1995). *The Government of World Cities. The Future of the Metro Model.* Wiley, London.

Shove, E. (2002) *Rushing Around: Coordination, Mobility and Inequality*, Department of Sociology, Lancaster University.

Sorokin, P. (1927) *Social Mobility*, Harper and Brothers, New York.

Stavo-Debauge, J., (2003), "L'indifférence du passant qui se meut, les ancrages du résident qui s'émeut," in Cefaï,D., Pasquier, D. (eds.), *Les sens du public. Publics politiques, publics médiatiques*, Presses universitaires de France, Paris, pp. 347-371.

Stébé, J.-M., Marchal, H. (2007) *La sociologie urbaine*, Presses universitaires de France, Paris.

Stone, C. N. (1989) *Regime Politics: Governing Atlanta 1946-1988*, University Press of Kansas, Lawrence.

Stouffer, S. (1940) "Intervening opportunities: a theory relating mobility and distance," *American Sociological Review*, 5, pp. 845-867.

Tarr, J. A., Dupuy, G. (eds.) (1988) *Technology and the Rise of the Networked City in Europe and America*, Temple University Press, Philadelphia.

Tarrius, A. (2000) "Nouvelles formes migratoires, nouveaux cosmopolitismes," in Bassand, M., Kaufmann, V. Joye, D. (eds.) *Enjeux de la sociologie urbaine*, Presses polytechniques et universitaires romandes, Lausanne.

Taylor, C. (1989), *Sources of the Self: The Making of the Modern Identity*, Harvard University Press, Cambridge, MA.

Taylor, C. (1997), "What is Human Agency?" in Mischel, T. (ed.), *The Self: Psychological and Philosophical Issues*, Oxford University Press, Oxford, pp. 103-135

Taylor, P. (2004), *World City Network, a Global Urban Analysis*, Routledge, London

Thévenot, L. (1999) "Pragmatic regimes governing the engagement with the world," in KnorrCetina, K., Schatzki, T., Savigny Eike, V. (eds.), *The Practice Turn in Contemporary Theory*, Routledge, London.

Thévenot, L. (2001) "Organized complexity: conventions of coordination and the composition of economic arrangements," *European Journal of Social Theory*, 4(4),

405-425.

Thévenot, L. (2002) "Which road to follow? The moral complexity of an 'equipped' humanity," in Law, J., Mol, A. (eds.), *Complexities: Social Studies of Knowledge Practices*, Duke University Press, Durham and London, pp. 53-87.

Thévenot, L. (2006) *L'Action au pluriel – sociologie des regimes d'engagement*, Editions la Découverte, Paris.

Thrift, N. (1996) *Spatial Formations*, Sage, London.

TRANSLAND (1999) *Integration of transport and land use planning*, Deliverable D2b, European Commission, Fourth Framework Programme, Bruxelles.

Turner, L., Ash, J. (1975) *The Golden Hordes*, Constable, London.

Urban Task Force (1999) *Towards an urban renaissance – Final report of the urban task force*, DETR, London.

Urry, J. (1990) *The Tourist Gaze*, Sage, London.

Urry, J. (2000) *Sociology Beyond Societies*, Routledge, London.

Urry, J. (2007) *Mobilities*, Polity, London.

Urry, J. (2007a) "Mobility, Space and Social Inequality," *Swiss Journal of Sociology*, 33(1), 9-26.

Van Wee, B., Rietveld, P., Meurs, H. (2006) "Is average daily time expenditure constant? In search of explanations for an increase in average travel time," *Journal of Transport Geography*, 14, 109-122.

Veltz, P. (1996) *Mondialisation, villes et territoires*, Presses universitaires de France, Paris.

Veolia (2008) *Observatoire Veolia des modes de vie urbains – 2008, l'état de la vie en ville*, Veolia Environnement, Paris.

Vignal, C. (2005) "Injonctions à la mobilité, arbitrages résidentiels et délocalisation de l'emploi," *Cahiers internationaux de sociologie*, CVIII, 101-117.

Vincent, S., Viry, G., Kaufmann, V. (2010)"La vie familiale à l'épreuve des mobilités professionnelles: une perspective européenne," communication at the second International Conference on academic mobilities, September 2009, 24-26.

Virilio, P. (1984) *L'espace critique*, Christian Bourgeois, Paris.

Viry, G., Kaufmann, V., Widmer, E. (2009). "Social integration faced with commuting: more widespread and less dense support networks" in Ohnmacht, T., Maksim, H., Bergman, M. (eds.) *Mobilities and Inequality*, Ashgate, Aldershot, pp. 119-142.

Waters, M., (1995) *Globalization*, Routledge, London.

Weber, M. (1922) [2003] *Economie et société*. Vol. 1, Editions Pocket, Paris.

Western, M., Wright, E. O. (1994) "The permeability of class boundaries to intergenerational mobility among men in the U.S., Canada, Norway and Sweden", *American Sociological Review*, 59, 606-629.

Widmer, E. D. (2006) "Who are my family members? Bridging and binding social capital in family configurations," *Journal of Personal and Social Relationships*, 23(6), pp. 979-998.

Wiel, M. (1999) *La transition urbaine*, Margada Editions, Spirmont.

Wiel, M. (2005) *Ville et mobilité: un couple infernal?* Editions de l'Aube, La Tour d'Aigues.

Woodlief, A. (1998) "The Path Dependent City," *Urban Affairs Review*, 33, 405-437.

Wright, E. O., et al. (1992) "The American Class Structure," *American Sociological Review*, 6(47), 709-726.

Yin, R. K. (1990) *Case Study Research. Design and Methods*, Sage Publications, Thousand Oaks.

Zahavi, Y., Talvitie, A. (1980) "Regularities in Travel Time and Money Expenditure" *Transportation Research Record*, 750, 13-19.

Zahavi, Y. (1979) *The UMOT Project*, USDOT, Washington.

Zipf, G. (1946) "The P1 P2/D hypothesis: on the intercity movement of persons," *American Sociological Review*, 11, 667.

도시를 다시 생각한다

2021년 1월 29일 초판 1쇄 발행

지은이 ㅣ 뱅상 카우프만
옮긴이 ㅣ 최영석
펴낸이 ㅣ 노경인 · 김주영

펴낸곳 ㅣ 도서출판 엘피
출판등록 ㅣ 2004년 11월 23일 제2011-000087호
주소 ㅣ 우)07275 서울시 영등포구 영등포로 5길 19(양평동 2가, 동아프라임밸리) 1202-1호
전화 ㅣ 02-336-2776 팩스 ㅣ 0505-115-0525
블로그 ㅣ bolg.naver.com/lpbook12
전자우편 ㅣ lpbook12@naver.com

ISBN 979-11-90901-23-9